Marina Berin & Jennifer Hilgert

Die Schuhe überwintern zu Hause

Marina Berin & Jennifer Hilgert

Die Schuhe überwintern zu Hause

(Und damit sind nicht die Sandalen gemeint)

Lockdownlyrik

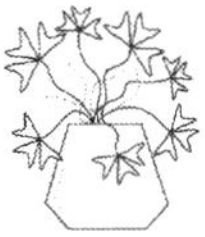

Bibliografische Information der Deutschen Nationalbibliothek:
Die Deutsche Nationalbibliothek verzeichnet diese Publikation in der Deutschen Nationalbibliografie; detaillierte bibliografsche Daten sind im Internet über http://dnb.dnb.de abrufbar.

Lektorat und Korrektat: Dr. Janin Aadam (@nini_feierfox)
Klappentext Korrektorat: Anna Maria Lipinski (@annamarialipinski)
Covergestaltung & Layout: Marina Berin
Bildmaterial: Adobe Stock & Pixabay, s. detaillierten Nachweis, S. 252

Alle im Buch genannten @Namen sind dem sozialen Netzwerk Instagram entnommen und können dort nachvollzogen werden. Natürlich empfehlen wir an dieser Stelle ausdrücklich die genannten Accountbetreiber:innen. Diese Empfehlungen sind unbezahlt und kommen von Herzen.

Wir freuen uns über Lob, Kritik und Feedback - als Rezension oder direkt an: marinaberin85@gmail.com (Instagram: @wortabdruecke) oder jennifer.hilgert@web.de (Instagram: @frautuerkis_). Gerne auch als persönliche Nachricht via Instagram.

ISBN: 978-94-0362-648-2
Verlagsportal: Bookmundo
Gedruckt in Deutschland

Für T.B.

»Ich isoliere mich von den Menschen. Doch wer isoliert meine Worte von mir?«

M. B.

»Ich war immer verliebt ins Verliebtsein. Zum Glück hat irgendwer die Welt jetzt vor uns weggeschlossen. Und ich bin nicht mehr auf der Suche.«

J. H.

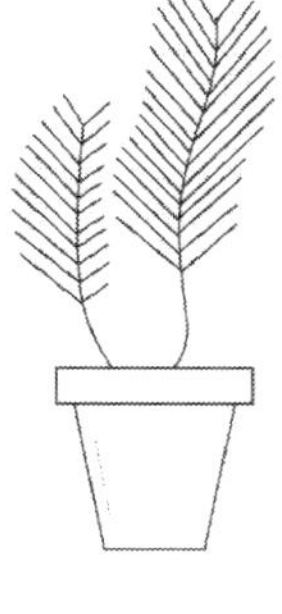

Inhalt

Vorwort

In Zeiten von Corona endlich mal wieder neue Orte erkunden? Die beiden Lyrikerinnen Marina Berin und Jennifer Hilgert machen es möglich und laden die Leserschaft auf eine Reise durch poetische Räume ein, indem sie ihre subjektiven Erlebnisse und Gefühle in Gedichte transferieren – alles unter dem Begriff Lockdownlyrik. Mit dem Überqueren der Türschwelle treten die Leser:innen über den Flur in das Wohnzimmer, machen Halt in der Küche, tauchen im Schlafzimmer in private (T)Räume ein, blicken ins Kinderzimmer, entspannen im Badezimmer und entdecken Kreationen im Arbeitszimmer. All diese Räume sind mit poetischen Worten durchdrungen, die Alltagsprobleme und die Erfahrung der Isolation in den eigenen vier Wänden einfangen. Ein poetologischer Kommentar zur Entstehung begleitet jedes Gedicht. So liest man nicht bloß das lyrische Werk, sondern erfährt auch etwas zu dessen Genese. Die Dichterinnen drücken die mannigfaltigsten Gefühle mit ihren poetischen Werken aus: Alltagsbewältigung, Hoffnung, Angst, Liebe und vieles mehr. Selbst die Sehnsucht danach, Besuch zu empfangen, wird gestillt: Die beiden Autorinnen haben Gäste eingeladen, ihre eigenen Erfahrungen in Zeiten der Corona-Krise lyrisch fruchtbar zu machen. Sogar die Leser:innen können kreativ werden und ihr eigenes Zimmer mit poetischen Worten einrichten. Der Gedichtband kreiert Lyrik aus der Krise heraus und begleitet den Alltag im Lockdown. Er gibt uns Raum: Raum zum Verweilen, Raum zum Träumen, Raum zum Wegdriften.

Mit Lyrik können wir Innerlichkeit nach außen tragen, unseren subjektiven Empfindungen Ausdruck verleihen und eine besondere Stimmung evozieren. Lyrik wirkt unmittelbar und muss nicht verstanden werden. Die Leser:innen entscheiden, wie sie die Worte des lyrischen Ichs interpretieren. Die Kürze, die Unmittelbarkeit der Stimmung und die Erfahrbarkeit von Innigkeit machen die Poesie für soziale Netzwerke besonders interessant: Den Gefühlen – gerade in schwierigen Situationen – freien Lauf zu lassen und die Möglichkeit, sie direkt mit anderen Gleichgesinnten zu teilen, ist ein Vorteil in der digitalen Welt. Lyrik verbindet und schafft ein Kollektivgefühl. Die Vernetzung einer poetischen Community erreichen die beiden Lyrikerinnen durch das Integrieren der Texte von Insta-Poet:innen. Die Insta-Poesie lässt sich durch ihre Kombination aus Bild und Text auf die Emblemdichtung des Barocks zurückführen. Marina Berin und Jennifer Hilgert knüpfen an das an, was schon damals üblich war: Krisenzeiten in poetischen Worten zu verarbeiten. Im 17. Jahrhundert bedichtete Andreas Gryphius ebenfalls eine Pandemie: die Pest. Die streng nach Martin Opitz' Regelpoetik verfassten Sonette behandelten auch weitere Krisensituationen, mit denen die Menschen damals zu kämpfen hatten. Neben einer pessimistischen Sicht auf das Diesseits steckt in der barocken Dichtung auch immer eine Hoffnung auf Erlösung im Jenseits, die vor allem durch die Poesie ausgedrückt wird. In der Lyrik der Romantik steht dann ebenfalls das Sehnen und Hoffen im Vordergrund. Ähnlich verhält es sich in der Gegenwart: Über die Lockdownlyrik wird oftmals die Sehnsucht nach Normalität ausgedrückt. In Anlehnung an Novalis' berühmte Worte könnte man heute konstatieren: Die Pandemie muss poetisiert werden. Das gelingt den beiden Lyrikerinnen: Sie verwandeln die Krise in Poesie. Sie dichten über selbstgebackene Brote, nicht angetretene Reisen, Pizzabestellungen, überwinternde Schuhe, Videokonferenzen, Aerosole, Klopapier, Home-Office, Home-Schooling und letztlich Home-Loving. So wie sich Sprache durch Krisen verändert, wandelt sich auch die Lyrik. Eines bleibt: Sie öffnet die Tür in eine poetische Stimmungswelt, um ab und an dem Alltag zu entfliehen.

Dr. Janin Aadam

Die Überwinternden erzählen:

Wie es uns geht, uns allen, das ist die Frage. Es ist nur noch ein Aufstehen, Arbeiten, Aufräumen, Ablegen und Ausschlafen. Im Home-Office klingelt der Wecker nicht so früh. (@gedichtemitgefuehl)

Gestern, im Haus gegenüber: Die Nachbartochter hatte Geburtstag, ihren dritten oder vierten vielleicht? Oma und Opa kamen. Gratulierten durch die geöffnete Terrassentür und gingen. Ich musste eine Träne unterdrücken, als ich diese Szene beobachtete. (Anonym)

HABE HEUTE EINEN COFFEE TO GO IM SITZEN GETRUNKEN! FUCK THE SYSTEM! (Anonym)

Mich belastet die große Unsicherheit durch Corona und die fehlende Aussicht auf einen Lichtblick zunehmend. Es fallen viele Aktivitäten, Möglichkeiten und Freiheiten weg, die für mich Lebensqualität und Lebensgefühl ausmachen.
(Rike Sauer @rike_sauer)

VAGE // Vielleicht / hat gerade irgendwie / die Angewohnheit / sich als permanent / zu verkleiden. // (Marc Schalon, @gedichtedad)

Obwohl wir ein schönes Zuhause haben, fehlen uns die Kontakte zu Familien (und wir sind eine sehr große Familie) und Freunden. Bei der ersten geschlossenen Schneedecke gibt es bei uns Schneegrillen mit Bratwurst und Glühwein und nix geht. Dann hoffentlich nächsten Winter. (Georg und Monika Pucknat)

»LOCKDOWN GEDANKEN« // In Jogginghose und Kuschelsocken / Bequem die Buchhaltung rocken // Zerzauster Look und graues Haar / Beim Friseur war ich nicht seit fast nem Jahr // Netflix, Amazon und Co sind lahm / Der Lockdown uns das Miteinander nahm // Zuerst gab es viele Ideen und wir waren kreativ / Doch die Zeit vergeht und das Loch ist unglaublich tief // Und von Tag zu Tag wird es einsamer / Das allein sein immer grausamer // Bald ist es nur noch still / Auch wenn man vielleicht was anderes viel lieber will … // (Emily Tara Todd, @wunderbar_im_norden)

Ich fühle mich zu Hause sicher und geborgen. (Volker Drews)

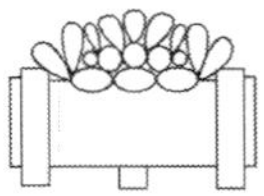

Mir geht es momentan so lala. Einerseits genieße ich die Ruhe und die Zeit, die gefühlsmäßig langsamer vergeht als sonst. Andererseits könnten Konzerte und Festivals gerne meine Ruhe aus der Reihe tanzen lassen. (Julika Hilgert)

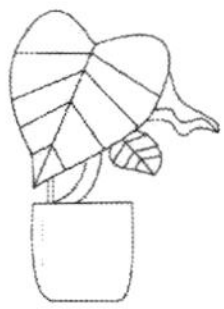

Meine Nächte sind im Moment etwas unruhig. Spätestens kurz vor 4 Uhr werde ich wach und kann nur schwer wieder einschlafen. Letzte Nacht bin ich gegen 5:30 Uhr noch einmal eingeschlafen. Dabei hatte ich einen intensiven Traum. Das Erleben und Fühlen war so echt. Ich träumte, dass ich Wärme eines anderen Körpers an meinem Rücken spürte. Da war plötzlich eine mir vertraut wirkende Frau, die mich umarmte. Wow, war das schön! So tolle Träume habe ich nicht alle Tage. (Anonym)

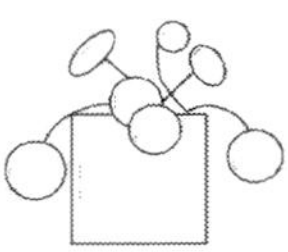

Coronamüde bin ich. Wenn die Krise vorbei ist, werde ich so viele Menschen umarmen, bis meine Arme so müde sind, dass ich es nicht mehr kann. Und nach der Erholungspause wieder! (Anonym)

Corona hat mir »Zeit verschafft« ! - - Hat mir den notwendigen Abstand ermöglicht : um aus »dem Teufelskreis der alltäglichen Hektik auszubrechen« ! - - Wieder »den Moment zu erleben« - statt immer nur »den Sieg oder die Niederlage« am Ende eines (langen) Wegen »abzuhaken«! - - Dank Corona erlebe ich meine Zeit auf Erden wieder »in einer normalen (für mich be-merk-baren) Geschwindigkeit«! - - (... und es ist unsagbar traurig : dass uns sowas (immer wieder) erst dann gelingen kann : wenn uns Katastrophen überfallen !) - - - Wenn Du Deine »Leben-Inhalte« um die Hälfte reduzierst : wird mit Sicherheit genug übrig bleiben : um ein erfülltes Leben zu führen ! (... vielleicht sogar ein »Erfüllteres« !) Ich stimme da meinen eigenen Schuhen definitiv zu: Pause! (Lota Danger (TARO))

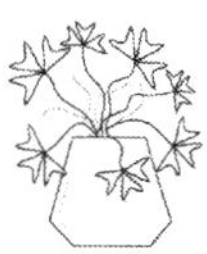

Ich habe es mir in meiner kleinen Nussschale gemütlich gemacht. Habe dort aufgeräumt und beinahe vergessene Schätze gehoben. Die Freude an den Begegnungen mit anderen und mir selbst steht aktuell im Vordergrund. Ein Spielfeld, auf dem die möglichen Entdeckungen endlos sind. Ich bin deswegen langmütig und geduldig. Auf den Tag der Freiheit freue ich mich dennoch. (@poet_rica)

Dieser Tage schmeckt der Kaffee oft nicht so gut wie früher. (Anonym)

Flur

»An stufiger Türesschwelle scheiden sich die Welten...«

Der Eingang oder: Der Ausgang

An stufiger Türesschwelle
scheiden sich die Welten.
Betritt man kaum die eine,
ist nichts mehr, wie es war.
Auf beiden Pfaden sich
begrüßen sogenannte Werte,
die jetzt gelten.

An stufiger Türesschwelle
bringen Menschen sich in
Sicherheit. Was draußen liegt,
bleibt außer Haus, niemand
naht, der Böses wagt. Die
gefährliche Welt ist nur einen
Straßenzug entfernt.

Hinter stufiger Türesschwelle
verlasse ich das geliebte Heim.
Der Alltag bittet mich zu Kreuze.
Ich kette mich an die frische
Luft und ahne nicht, was heute
mir passiert. Ich spüre nur, ich
werde näher bei mir sein.

An stufiger Türesschwelle
liegen Heimatduft und Enzian.
Wärmen mich mit Übernachtungs-
gästen: Psalme, Kaffeeduft und
Schokolade betten mich auf sanften
Kissen und heilen meine Seele.
Endlich komme ich

zu Hause an!

J.H., 23. Juli 2014. Damals, als ich noch Hauseingänge mit meiner Kameralinse in Karlsruhe auf Spaziergängen sammelte, weit entfernt davon, einmal in einem Lockdown zu Hause zu verweilen.

Mein Leben im Handumdrehen

Früher sammelte ich Hauseingänge
Mit meinen Augen im Vorübergehen

Heute zähle ich die Wandrisse
Schritt für Schritt, zeige auf leere Stühle

Und fahre über Wunden
Der Teufel, er tanzt Tango im Detail

Aber die Hoffnung hockt im Handumdrehen

J.H., irgendwann in einem Leben verändert sich alles.

Der Winterschlaf der Strassenschuhe

Wie viele Wege wir gingen,
gemeinsam und jeder für sich allein,
wissen nur wir und der Straßenstaub
auf unseren Schuhen. Nun stehen sie
im Flur, Seite an Seite – Winterschlaf.
Wir bleiben zu Hause. Und winterschlafen
ein bisschen mit. Die Pausen sind dafür da,
um zurückzublicken und das Reiseziel
zu hinterfragen. Mit Teetassen in der Hand
blicken wir nach vorne.

Und korrigieren es.

M.B., irgendwann im Dezember 2020. Als dieses Buch noch anders heißen sollte und ich die Schuhe im Flur sortierte.

Wer bestellte
statt Pizza
das ganze Leben
nach Hause?

Und das weltweit.

M.B., 14. Januar 2021. Ich saß in meinem Lieblings-Relax-Sessel und suchte nach neuen Ideen für ein Gedicht. Plötzlich kam dieser Gedanke. Gleich aufgeschrieben! Und warum Pizza? Ich weiß es nicht. Vielleicht vermisst der Magen langsam das Restaurant-Essen.

Synonyme

Die Coronazeit lässt uns neue Synonyme (er)finden:

alt – einsam
positiv – krank
negativ – gesund
Arbeitskleidung – Jogginghose
bequeme Arbeitskleidung – ohne BH
Arbeitsweg – vom Schlafzimmer ins Arbeitszimmer und zurück
Wochentag – Inzidenzwert
systemrelevant – gefährdet
Berechtigungsschein – FFP2-Masken
Spaziergang - Tageshighlight
treffen – zoomen
umarmen – umworten
normal – wie früher
den Umständen entsprechend – coronagut (z.B. als Antwort auf die Frage »Wie geht es dir?«)
lange – wenn Corona vorbei ist
erlaubt – coronakonform
es war so schön – und dann kam Corona...
Schweigen – Lockdown für Worte
Risikogruppe – Papa, Mama
glücklich – postcoronal

M.B. und J.H., Januar 2021. Auf die Wortsuche begaben wir uns zusammen.

Plötzlich (Ein Mitmachgedicht)

Und plötzlich schrumpfte die Welt
auf diese X* Quadratmeter zusammen.
Was kann man hier lieben?

- das Bett mit der neuen Bettwäsche
- den Küchentisch mit seinen Erinnerungen an die Gäste
- den knarrenden Boden (Er singt für dich, und zwar vor
Freude, wenn deine Füße ihn berühren.)
- jedes Fenster, das Licht und Sonne herein lässt
- die Jalousien, wenn ich keine Sonne will
(Es gibt auch solche Tage!)
- meinen Schreibtisch! So viele Gedichte sind hier entstanden!
(Dieses hier auch)
- Sofalandschaften hüpfend erobern, Kissenschlachten
ausfechten und Deckenburgen bauen
- die Stille am Morgen, das Gefühl vor dem Schreiben
- das kleine Lichtlein im Küchenfenster, das dem Straßenzug
Hoffnung schenkt
- die regenbogenbunten Fenster unserer Haustüre
- die Spotify-Playlist, zu der wir auf unserer Terrasse tanzen
- eisessenenderweise den Sonntagmorgen im Bett verbringen
- exotisches Essen bestellen und vor dem Fernseher
wie ein Buffet aufbauen
- den frischen Luftzug spüren, wenn alle Fenster im Haus
geöffnet sind
- Einkaufszettel von Hand bäuchlings
auf dem Büroboden schreiben
- die Postkarte, die man jede Woche von der Lieblingstante
im Briefkasten empfängt

Und jetzt bist du dran:

– ______________________________

– ______________________________

– ______________________________

– ______________________________

– ______________________________

– ______________________________

– ______________________________

– ______________________________

– ______________________________

– ______________________________

*ersetze »X« durch die Zahl der Quadratmeter, die du bewohnst.

M.B. und J.H., 14. Januar und 4. Februar 2021. Wir wollten unbedingt mindestens ein Gedicht zusammenschreiben. Aber warum nicht zusammen mit unseren Leser:innen? Machst du mit?

PICKNICK

ich stell mir plastikblumen auf mein bambuseckregal
im flur. verliebt zwinkern sie mich an, immer
wenn ich an ihnen vorbeikomme und ich werfe ihnen
luftküsse zu zum dank, das ist das mindeste

durchgangsverkehr herrscht hier schon lang nicht mehr
lieber schnittblumen als schnittwunden, sage ich
mir, wegen der depressiven phasen (mein umfeld weiß
bescheid, ich hab es ihm gesagt). ein moralischer

sündenbock wurde bereits angefordert und in den sozialen medien –
genauer: im gemeindeportal – schnell gefunden. dort initiierte die ortsvorsteherin jüngst
eine gruppe für eltern, die ihre annikas und thommys für eine stunde oder

zwei loswerden wollten. ich bin einfach zu jung für sowas
und mache mir die welt, wiedewiedewie sie den erwachsenen von heute nicht gefällt
zum glück wechseln alle ohnehin gerade zu signal und telegram. ich schätze, ich habe mir keinen

virus, dafür ein verantwortungsdefizit eingefangen
meine mutter sagt, mein bambuseckregal passe nicht zu meiner ecke in meinem flur
bless her heart! gestern abend sah ich zwei junge frauen, fünfzehnsechzehnsiebzehn

so wie einst ich (mit der falschen kleidung, dafür mundschutz, so wie ich einst nicht)
vom fenster aus. sie saßen auf einer picknickdecke im park gegenüber von meinem keller bei minus 2 grad

J.H., 15. Januar 2021. Mein Mitgefühl mit Teenagern im Lockdown, nachdem ich zwei jungen Frauen im Park zusah.

Overnight

Gestern habe ich keine Reise geplant
Ich habe keinen Flug gebucht und keinen
Zug benutzt. Ich habe kein Datum ausgewählt
In keinem Land recherchiert und keine
Koffer gepackt.

Aus diesem Grund packen wir
Unsere Koffer und nehmen mit:
…
…
…
Wir reisen vom Badezimmer
Auf den Balkon (sofern wir einen
Haben). Ein geöffnetes Fenster tut
Es aber auch, mit Zwischenstopp in der
Küche und Aufenthalt im Wohnzimmer
Hin, zu den Abermillionen
Himmelsgefährtinnen und guten
Geistern, die nicht fort
Gehen, nicht irgendwo hin müssen
Damit sie glücklich werden

Scheinen. Nur die Planeten, die Sonne und
Der Mond sind Wandernde. Sie ziehen weiter
Still von Ost nach West. Die Sterne bleiben
Am Himmel unverändert und auch wenn wir
Sie nicht ständig sehen
Sie sind immer da

In der Nacht werden Träume wahr, weil man als
Astronautin eine Rakete besteigt und verreist

Diese Reise verändert uns
Und wir verändern uns durch sie

(Funktioniert nur Overnight)

J.H., 28. Januar 2020. Ein Jahr ist es her, als ich zum letzten Mal die Koffer packte und physisch, nicht nur in der Imagination, verreiste. Inspiriert von @jackowusch eines Nachts auf unserem Flursofa, während ich in der Instagram-World unterwegs war und der Mond zum Fenster hineinlächelte.

Raumnot

Überall wird sortiert
Ein Stockwerk für
Vier Personen
Mit zwei Hunden

Aus Enge wird Spielraum
Dreihunderttausend Ideen
Seit dreihunderteinundsiebzig
Tagen und 5.577 ungerauchten
Zigaretten

Aber immer ein kaffeebreit

P l a t z

J.H., 3. Januar 2021 / 4. Februar 2021. Auf dem Weg ins Badezimmer. Geschrieben vor der Türe ins Notizheft, als ich meine Kaffeetasse zwischen zwei Bilderrahmen abstellte.

Zu Hause

Du machst dem Namen alle Ehre
Legst Wunden frei und breitest Kissen aus
Wir betten uns darauf, unsere Zukunft auch
Und senden Lageberichte an Bekannte
Unser Status lautet: angekommen

J.H., aus alten Gedichten überarbeitet. Wann und wo? Zwischen Tür und Angel, irgendwann im Januar 2021.

Haben die Wände

Haben die Wände Augen?
Dann würden sie sehen:

Wie wir uns küssen,
wie wir uns streiten,
wie du den Kaffee für mich kochst,
wie ich ein Gedicht für dich schreibe,
wie die Waschmaschine ihre Trommel dreht,
wie ich die Wäsche aufhänge,
wie ich wieder meine Hausschuhe suche
und du hast sie an.
Wie du mich umarmst und ich lächele.

Haben die Wände Ohren?
Dann würden sie hören:

meinen Gesang und
deine Telefonate,
die Nachrichten aus dem Fernseher,
das leise »Ich liebe dich« und
manchmal die Schimpfwörter.
Das Miauen unserer Katze,
den Wasserkocher, die Schritte.
Nachts würden sie vielleicht erröten,
wenn wir uns lieben.
Und auch meine Telefonate
würden sie hören und deine Gitarre.

Können die Wände fühlen?

Die Wärme der Heizkörper,
die Füße der Fliegen,
vielleicht einen leichten Schmerz,
wenn wir ein neues Bild aufhängen.
Vielleicht würden sie spüren,
wie ich sie manchmal streichle,

wie ich mein Zuhause liebe.

M.B., 9. Januar 2020. Ich wollte meiner Wohnung etwas Liebe schenken. Mit Streicheln und Worten.

Wohnzimmer

»Deine Flügel sind nicht gebrochen,
nur etwas unnatürlich angewinkelt...«

Wohnzimmerkonzerte

Im kleinen Wohnzimmer treffen wir uns
Auf kein Bier mit Get Dead
Netflix und YouTube sind unsere
Veranstalter. Wir lassen jeden rein
Und verzehren uns unterdessen
Gemeinsam via Zoom nach
Gelockerten Bestimmungen, weil betreten
Verbotene Festivalgelände
Einsam sind. In der Hoffnung, dass wir bald zu
Egal welchem Rhythmus (denn Musik verbindet)
Wieder gemeinsam tanzen

Weil Konzerte nicht für immer

Zu Hause und gleichzeitig
Open Air stattfinden können

J.H., 1. Januar 2021. Silvester vor dem TV-Gerät und die mit ›2020‹ datierten Tickets gähnen müde von der Magnetwand.

Der Tag ist eine Giraffe

(giraffiger noch als gestern),
unendlich lang ist seine Mitte.
Um den Weg zum Kühlschrank
nicht zu ausgetreten werden zu
lassen, rolle ich die Yoga-Matte aus.
Danach das Treffen mit der Freundin:
Online. Selbst die Staubkörner auf den
Stühlen haben hier Sehnsucht
nach Besuchern.

Ob die Welt irgendwann wieder
wie früher sein wird? (Damals
haben wir sie als »normal«
bezeichnet.)

Nein. Das wird sie nicht.

Weil *ich*
anders
geworden
bin.

M.B., 23. Dezember 2020. Alte Entwürfe umblätternd.

Aufmerksamkeiten

Manchmal, da senden wir
Uns Briefchen vom Esszimmertisch aus
Zum Sofa. Selbst gefaltet mit einem
Oder mehreren Miniherzen versehen, oben
In der linken Ecke. Wir brauchen
Für sie keine Postboten. Es sind
Briefe ohne Worte. Ohne Porto
Dafür voller Fingerspitzengefühl

J.H., 7. Januar 2020. Manchmal reicht schon eine kleine Geste oder Aufmerksamkeit, ein Minimitgefühl, um aus den 24/7 Giraffen-Tagen etwas Besonderes zu machen.

Paradox #2

Je fester du mich umarmst,
desto freier
fühle ich mich.

M.B., geschrieben am 20. August 2020, zwischen zwei Lockdowns. Das Fehlen der Umarmungen macht sich aber vor allem im Winter bemerkbar. Und wenn sie passieren, machen sie sogar glücklicher als früher.

Worte

Ich bleibe zu Hause, teile das Sofa mit meinen
Worten. Mit meinen

Liebesworten
Schimpfworten

Gute-Nacht-Worten
Guten-Morgen-Worten
Guten-Appetit-Worten
(an mich selbst)

Dankbarkeitsworten
Fluchworten
Reaktion-auf-die-Nachrichten-Worten
gähnenden Worten
poetischen Worten
unfrisierten Worten
von Urlaub träumenden Worten.

Und dann kommst du
(hast sogar das Klopapier gekauft)
und bringst *deine*
Worte mit.

M.B., 2. Februar 2021. Auf dem Sofa, eingekuschelt in eine Decke. Die Worte kamen nicht, also habe ich sie mir ausgedacht.

Weihnachtseinkäufe

Setz dich zu mir
Neben mir ist der Platz
Noch frei

Und wie ich warte
Und warte
Auf dich

Doch du sitzt schon
Lange nicht mehr
Hier

Du verließt unser
Zuhause und seitdem
War es meines

Nicht mehr.

J.H., 18. Dezember 2020. Allein auf dem Sofa. Wenn du nicht hier und doch nur zum Einkauf gegangen bist. Das Klopapier war uns ausgegangen. Und dabei blieb es auch. Dafür Printen.

Jung wird diese Nacht

Gerade mit Safiye Can und Daniela Chana angestoßen
In der Nacht baue ich mir ein Bett aus Worten
Hier begegne ich kaum einer Seele
Soll niemand drin wohnen neben mir
»Sagt die Dame«, und während ich lese
Schmilzt das Eis. Alles wird lyrisch, sogar das Babyphone
Weißes Rauschen wie am Meer
Die Kerze wirft mir einen Lichtblick zu
Verführt den Mann, unterhält sich mit Kant
Blinzelt mutig mit Mandelaugen über den Laptop-Rand
Füße küssen sich heimlich unterm Tisch
Der Kindersekt faselt irgendwas von fünfunddreißig
Und jung wird diese Nacht. Die Kirchturmuhr schlägt zwölf
Irgendwo hat gerade jemand ein Gedicht geschrieben

So feiern Dichterinnen

J.H., 3. Januar 2021. Geburtstag am Esstisch um kurz nach Zwölf.

Es gibt Tage, an denen

man sich weniger Licht
in Schlafzimmern wünscht.
Für solche Tage wurden
die Jalousien erfunden.

Es gibt Momente, in denen man
schöne und heilende Worte braucht.
Für solche Momente stehen
Gedichtbände im Regal.

M.B., 6. November 2020. Geschrieben in der Badewanne. Meine Gedichtbände stehen größtenteils im Wohnzimmer. Die Lieblingsbände sind überall in der Wohnung verteilt.

Bloss ein Gedanke lang

Wie ein Wohnzimmereinbauschrank
V O L L*gequetscht*
mit allem zu viel, zerberstet mit einem lauten

K N A L L ! WUSCH!

Und es klingelt bereits das Telefon, dort fragt
man nach, was es sonst noch zu gebrauchen
gäbe, Brötchen vor die Haustüre, Olivenöl aus Griechenland?

Man sagt, wenn das Schweigen lauter wird
als jedes Wort, ist der unlautere Besitz von Silben
ein Vergehen

und im Geheimen ist alles nichts
weiter, als unperfekte ~~unbrauchbare Dinge~~ ,
die erst bei Licht betrachtet v i e l, im Dunkeln jedoch

nichts ergeben (weniger ist mehr, aber nix ist auch zu wenig).
Neue Redewendung: Der Teufel steckt in jedem
Teil. Also *Teufelsteile,* wie Kenner bereits zu sagen pflegten.

Apropos Pflege: (Hier bitte Applaus und Balkon einfügen!)

Du kannst die Dinge nicht nur haben, nicht nur
besitzen. Sie müssen auch gewartet werden und
Mensch muss Schweiß und Fliegen schwitzen, um sie wieder
auszusitzen. Und mittendrin
zergehe ich wie tausendmalsooft in einem
Meer aus Sirenen und Umdrehung für Umdrehung auf

dem Schreibtischstuhl (im *Traumrausch* (_______ Platz für
Psalm-Assoziationen*) erhasche ich den Chip vom
Kinderkarussell:
Den haben wir immer noch, übrig vom
Weihnachtsmarkt 2019).

(Der von Bill Gates wird dann neu.)

Zieht sich die Schlinge im Käfig Schnitt für Schnitt
weiter zu. So dreht und dreht es sich dann, das
Drehkreuz der Tausendsiebendinge, die du für

mich und meine Schultern zur Last gelegt hast. Das hält
nur die Liebe aus. Und ich sehe, wir sortieren gemeinsam
und misten den Überfluss aus den Regalen einfach

r a u s.

*J.H., 10. Dezember 2020. Nur was wir mögen. Was zu viel ist,
ist zu viel. Die C-Zeit ist ja auf unserer Seite und der Keller
geräumig und die Müllentsorger hilfsbereit.*

**@annamarialipinski erwartet euch gerne in ihrer Traumrausch-
Schmiede mit weiteren poetischen Wortkreationen.*

Chronisch

Diese Wohnung ist chronisch krank
an Überfüllung. (Oder sind wir und
unser Konsumverhalten diejenigen,
die eine Therapie brauchen?) Die
geschenkte Zeit zu Hause nehmen
wir dankbar an: Für die Dinge, die
im »normalen« Alltag immer die letzte
Priorität hatten. Wir räumen auf. In
den Zimmern. In unseren Köpfen. In
unseren Herzen.

M.B., Januar 2021. An unsere Ausmist-Challenge mit der besten Freundin denkend.

Wir könnten

Die Welt retten

Von der linken Sofahälfte aus
Vom frisch bezogenen Bett aus
Von der desinfizierten Klobrille aus
Mit vollen Einkäufen auf dem Band
(Möglicherweise ohne Hefe)
Die uns die Verkäuferin abkassiert
Weil sie immer noch arbeiten muss
Während ich schon auf dem Balkon
Stehe und ihr Beifall klatsche

Wir könnten
Die Welt retten

Doch tun wir es?
Manchmal nicht
Meistens haben wir keine Zeit

Oder verlegen es auf morgen

J.H., irgendwann im Dezember 2020. Marina fragte nach einem neuen gemeinsamen Gedichtband, Jenny weinte vor Freude und beide Frauen schrieben.

Ich gähne meine Möbel an.
Die einzige Änderung seit Wochen
hier: Der Staub, den ich erfolgreich
ignoriere. Nichts passiert außer
Alltäglichkeiten. Und Gedichte-
schreiben.

Doch umgekehrt gedacht:

Vielleicht sind die Fasern an den Tapeten
kleine Atmungsorgane der Wände. Vielleicht
atmen auch sie an diesen Tagen
zu viel
mich ein.

M.B., 12. Februar 2021. Nachts beim Wohnzimmergedichte-Sortieren. Ein alter Entwurf wurde vervollständigt.

Warnung vor den schlafenden Hunden:

»Betreten (mit überwinternden Schuhen) auf eigene Gefahr!« »Betreten der Grünflächen verboten!« »Zu vermieten!« »Bitte 1,5 m Abstand halten!« »Spielplatz geschlossen! Spielen verboten!« »Mund-Nasen-Schutz tragen!«

Im Moment unterhalten wir uns in Abstandsregelungen und Verbotsschildern. Ein Leben mit und ohne Systemrelevanz. Wir messen unser Glück in Inzidenzzahlen und erwarten Herdenimmunität.

Wir leben zurzeit auf einer Welten-Baustelle:
»Eltern haften zu Hause für ihre Kinder.«

Die Kneipen sind außerdem längst geschlossen. Und niemand kann mehr etwas an Stammtischen besprechen. Das Gebot der Stunde heißt, den Gemeinsinn und die uneingeschränkte Freiheit unter einen Hut zu bringen. Unter so einem gemeinsamen Hut kann es aber unter Umständen ganz schön ungemütlich werden. Eben so bequem und unbequem, wie wir es uns machen. Zusammen hat man immer am wenigstens Platz, dafür aber umso mehr Spaß, oder?

J.H., 6. Februar 2021. Was ein »Zu vermieten«-Schild an einem Chinesischen Nudelhaus in der Innenstadt alles auslösen kann.

Zu Hause ist es doch am Schönsten

Sie, die sie Zwanzigzwanzig allein in ihre erste eigene Wohnung in eine fremde Stadt gezogen ist und niemanden kennt. Vorher lebte sie in einer WG.

Sie, die sie nicht weiß, wann sie die Miete für ihr Studio von den staatlichen Hilfspaketen bezahlen kann und wann sie die Antidepressiva wieder absetzen wird.

Sie, die sie versucht, alles unter einem Dach hinzubekommen. Rollenspiele mit Kind und Mann. Der Kredit wird in der Nacht abgearbeitet. Und der Boden wird einfach nicht sauberer.

Ich, die die Tagesthemen verfolgt und sich fragt, ab wann ein Hochhaus zu hoch ist. Die Tagesthemen vermelden: »Von häuslicher Gewalt an Frauen und Kindern bis hin zur Einsamkeit, die Zahlen sind zu hoch.«

Sie haben zugenommen und am Ende des Tages geht es dabei noch immer um die Kleidergrößen nach zu viel Eisverzehr in der *Brigitte* und seit 2020 auch vor dem Fernseher.

Hinter jedem Fenster übrigens auch.

Auf Hochhäusern geht es jedenfalls höher hinaus
und es lässt sich auch von weiter oben springen.

Jaja, zu Hause ist es doch am schönsten …

J.H., 20. Juli 2020. Ich weiß nicht mehr, wo ich es geschrieben habe, dafür aber noch, dass ich geweint habe.

Liebeslieder auf weiter Flur

Ich will heute mutig sein
Das bist du schon
Flüstert jemand in mein Ohr hinein
Und ich beende die alten
Gedanken. Die, die von einem
Vergangenen Lied handeln, dessen
Melodie ich hinterher gejagt
So viele schwarze Jahre
Ohne sie jemals zu Ende gefühlt zu haben
Manchmal sollte man nicht mehr darauf
Hören, was einem als bekannt erscheint
Sondern die neuen Töne loben
Liebeslieder, die das kleine Herz für einen

Bereithält und die man allzu gerne übersieht

J.H., nach dem »Killen« einer Strophe, eine neue Melodie.
Danke, R.

Sie bleiben zu Hause

Der Lockdown kam und sie blieben zu Hause,
zwei Menschen wie du und ich.

Der Eine begegnet dem neuen Leben mit Hoffnung und ein bisschen Neugier (man nannte ihn schließlich immer Optimist), akzeptiert es, findet die Freiheit dort, wo er sie früher nie vermutete. Begrüßt jeden neuen Tag mit Dankbarkeit (schreibt sogar täglich in sein Dankbarkeitstagebuch). Versucht zu schätzen, was er hat. Hat gelegentlich Angst, aber meistens lässt sie sich verjagen.Fängt endlich an, zu joggen, und die yogischen Asanas sind für ihn kein Fremdwort mehr. Er weiß: Alles wird gut und der Mensch ist anpassungsfähig. Und wenn die alte Normalität nicht zuückehrt,

Der Andere fühlt sich gefangen in seinen vier tapezierten Wänden (die Skepsis begleitet ihn seit seiner Kindheit immer und überall. Sucht Schuldige und Auswege. Findet nur erstere. Die alte Depression wird wieder zu seiner täglichen Begleiterin, lässt ihn wieder um seine Existenz bangen. Während andere Yoga und Aerobic vor den Bildschirmen machen, liegt er auf dem Sofa, sieht fern – Netflix & Co sind tolle Erfindungen, um der Realität zu entfliehen. Zu den Prokrastinatoren zählte er schon immer, nun erreichte diese Tätigkeit ihren Höhepunkt. Die Angst ist da, lässt sich nicht abschütteln, das Lächeln wird

dann wird es eine neue geben. Vielleicht sogar eine schönere.

seltener, die Hoffnung packte ihre Koffer. Was erwartet uns nun? Hilft ein Gebet? Betet.

Und beides ist ok.

M.B., Januar 2021. Zu sehr schwarz und weiß? Für Maxe und Erikas Mustermann und alle Menschen dazwischen.

IMMER NOCH FLUGFÄHIG

Zu viele Tage verbrachten wir zu
Hause. Zu viele Nächte. Jeder bei
sich. Die Fenster waren geöffnet
zum Lüften. Nicht für das Fliegen
üben. Wie fühlst du dich?

Du sagst, deine Flügel sind nicht
gebrochen, nur etwas unnatürlich
angewinkelt, wegen zu viel Liegen
auf dem Sofa vor dem Fernseher.
Das macht träge, nicht flugunfähig,
sagst du.

Meine Flügel sind auch ein bisschen
zerknittert. Wollen wir sie zusammen
zum Leben erwecken? Zwar mit dem
Abstand zwischen uns von 1,5 Metern.
Aber im selben Himmel. Wollen wir?

Nur du und ich.

M.B., Dezember 2020. Was für Gedanken manchmal beim Bügeln kommen! Angefangen mit Bügeleisen in der Hand, fertig geschrieben nachts am Schlafzimmerfenster.

In meinem Wohnzimmer bin ich
Königin. Hier bin ich's! Du bist es nicht.
Nicht hier. Nicht bei mir. Die Frage,

die mich quält: *Wie sehr fühle ich mich*
zu Hause mit dir?

J.H., für immer Königin. Ganz egal, wo. Die Depression,
sie bekommt keine Macht.

Küche

»Und plötzlich schrumpft mein Universum
auf eine Kaffeetasse zusammen...«

Kaffeewollend

stellen sich meine Füße
auf den kalten Boden.
Wie jeder Morgen fängt
auch dieser mit dem Kaffee an.
Aber eigentlich mit dem Aufwachen,
Wiederankommen in der Realität.
Und erst dann Kaffee. Und Nachrichten
lesen.

Mit Kaffeewärme im Bauch
wirken sie nicht so ganz
hoffnungslos.

M.B., an einem Montagmorgen. Wobei »kaffeewollend« kein rein morgendlicher Zustand ist. Dieses Getränk könnte ich literweise trinken, vor allem in diesem Winter. Wie gut, dass es auch koffeinfreie Varianten gibt!

Dazwischen

Der Küchentisch erweitert
zwischen 8 und 12 Uhr und auch
nachmittags seine Funktion:
Wird anschließend an das Frühstück
für dich zur Schule, für mich zum Büro.
Die Schulfläche ist mindestens doppelt
so groß wie mein Arbeitsareal. Zwei
Rechner brummen leise. Kopfhörer
an. Wir beide schweigen.

»Den Sport per Videokonferenz finde ich doof«,
sagst du dann, den Stundenplan betrachtend.
Ich auch.

Komm zu mir, mein Kind,
ich umarme dich.

Zwischen Home-Office und Home-Schooling:
Home-Loving.

M.B., Januar 2021. Nach einem Telefonat mit meiner Schwester, als sie mir über ihren Alltag mit einem Schulkind erzählte.

AN JEDEM VERDAMMTEN TAG

Der Morgen beginnt in der Küche
Fenster reißen sich nicht von
Alleine auf
Ich wünschte mir manchmal
Die Biotonne bekäme Beine
Und verließe die Bühne von
Selbst. Auf den Arbeitsflächen
Tanzen Petersilienwurzel und
Tofu denselben unermüdlichen
Tanz. Und meine Gedanken über
Die Spülmaschine, die an jedem
Verdammten Tag aufs Neue
An jedem
Verdammten
Tag
Aufs Neue
Ausgeräumt
Werden will (vielleicht will auch sie
lieber ihre Ruhe?!) und immer wieder bin
Ich die Erste, die ihr Elend hört
S c h w e i f e n a b
In Gedanken leere ich Wäschekörbe wie
Imker Bienenstöcke
Versorge Kindermünder
Dokumentiere Rezepte in Küchenordnern
Und inspiziere Bügelfalten an Plisseeröcken
Dabei wäre es nur ausgleichende
Gerechtigkeit, meine Hände

Fütterten dichtenderweise
Handgemachte Skizzenbücher und liebten
Kopfgesenkt sich ins handgeschriebene
Wort. Und das alles auf naturbelassenen
Notizbuchfasern. Ausgebreitet

In einem Café
Dort, wo man auch Geburtstagskinder treffen kann

J.H., 1. Februar 2021. In der Hoffnung, irgendwann wieder in meinem Lieblingskaffeehaus Kaffee und Kuchen mit meinem Stiefpapa zu genießen. Mit dem festen Gedanken an »Es wird schon alles einmal wieder.«

Kuchen & Maultaschen

Nachts fühle ich mich leicht
Keine Schatten sind zu sehen
Mein Kummer, der mich erträgt
In meiner Küche brennt noch
Licht. Ich habe dafür gesorgt
Dass der Kuchen pünktlich
Aus dem Ofenrohr kommt
Pünktlich bedeutet in Zeiten
Von Corona, wenn das Licht
Erlischt und alle im Dunkeln
Zum Kuchenessen zusammen
Sind. Ein bisschen wie Ramadan

In der Nacht kann uns
Gott nicht sehen

J.H., 2021. Januargedanken in der Küche während des Kochens.

Heizkörper

»Träume sind die Mikrowelle für alte Gefühle.«
(Kevin Prox @leichtlaufrad)

Der seltene Gast in diesem Winter,
der Schnee, setzt sich auf
die Fensterbänke, lauscht
dem Geschehenen in den
Zimmern. Hört in meinem:
Winterblues.

Die Kaffeetasse wärmt die Hände.
Deine Nachricht – mich.
Schöne Worte sind Heizkörper
für frierende Herzen.

M.B., 3. Januar 2020. Inspiriert von Kevins Instagedicht.

Wenn sie in ihrer weißen Schürze
am Herd steht und die Pfannkuchen
wendet und die Küchenuhr tickt
(lauter als einer Uhr erlaubt ist),
fliegen ihre Gedanken nach draußen:
hoch über die Häuser, hoch über die
unbekannten Landschaften; küssen
den Abendhimmel, seine höchsten
und unerreichbarsten Stellen und die Pfannkuchen
ähneln heute noch mehr als gestern dem Mond
in ihrer Rundförmigkeit und Unebenheit
der Farben.

Vielleicht herrscht draußen Leben.
Vielleicht lachen irgendwo Menschen
(mehr als einer in einem Raum).
Vielleicht wird das Leben irgendwann
wie früher. Vielleicht sogar schöner.
Sie wendet und träumt und
träumt und wendet.

***

Der Herd kühlt ab und sie
sitzt am Tisch:
mit Himmel im Kopf
und mit Monden
im Bauch.

M.B., Dezember 2020. Denkend an die Frauen, die Pfannkuchen nur für sich allein backen, statt für die Großfamilie.

Am Tisch mit leerer Teetasse und
Brotkrümeln. Wozu kochen, wenn
niemand kommt?

In der Coronazeit ist »alt«
ein Synonym für »einsam«.

M.B., Dezember 2020. Ein Gedanke am Küchentisch. Für mich ist das Alleinsein zur Zeit ein Geschenk. Für jemand anderes ein trauriger (Neu-)Normalzustand.

Zusammen schmeckt der Kaffee
immer wärmer. Ich denke an so viele
nicht stattgefundene Gespräche:

Nicht nur meinen Händen
auch den Worten ist es
in diesem Winter kalt.

M.B., 2. Januar 2021. Mit einer Kaffeetasse in der Hand (ich glaube, der zweiten an jenem Tag...) ins Notizbuch reingekritzelt und später entziffert.

Geschlossene Gesellschaft oder »Bis die Polizei ...«

Für Anna LeKinski

Ich muss nach Hause, bevor ich zu Staub werde,
alle meine Freunde sind schon hier. Bei mir.
Die After-Hour treibt uns an den heimischen Herd.
Morgen ist wieder Uni. Zum Glück.

Mit Freunden fühlt sich Eierbacken nach einer anderen Welt an. Aus einer fremden Zeit, irgendwie aus dem Rahmen gefallen. So: »Als wir noch jung waren und noch Träume hatten.« Oder: »Als wir noch zusammen sein durften.«

Doch jetzt legt die Erde auf. 132 Beats per Minute. Hart wie Techno nimmt sie sich zurück, was ihr gehört, und schickt Mutter Natur auf den Straßenstrich. Sie soll Aufsehen erregen, (r)anschaffen, was geht, für ihre Rechte kämpfen und: überleben! Mau!

Und während ich das schreibe, erhängt sich meine Zukunft bereits im Keller. Sie will ohne Zwangsgedanken weitermachen. Ohne Hate Speech und gewiss ohne Rassismus, behauptet sie.

Dabei glaube ich mir nicht mal mehr selbst und das muss ich doch, wenn mich die Sonne wieder sehen soll. Bis dahin trinken ziemlich reiche Menschen ziemlich guten Kaffee in viel zu engen Räumen und
beratschlagen über unsere Köpfe. Und sie rauchen. Sie rauchen viel zu viele Zigaretten. Ich aber, ich fahre viel zu

früh (noch vor Mitternacht), viel zu allein, viel zu bieder angezogen nach Hause. Trinke Espresso aus dem Netto mit 10 % Rabatt

und rauche meine letzte Zigarette. Ich will aufhören. Und manchmal ist der größte Luxus, ohne Termine in den Tag hinein zu leben und sich von der Uhr einmal nicht auf den Küchentisch ticken zu lassen (sie blickt ja doch nicht ganz richtig und hängt dazu noch dumm herum).

Das Beste daran: Wenn der Wind sich dreht, ist es Zeit für Mary Poppins. Darauf können wir uns wenigstens verlassen.

J.H., 29. Januar 2021. Im Arbeitszimmer mit Tochter, Baby und LePinsk. Und zwischen vollen Windeln, Mary-Poppins-Hörspiel, Berlin-Sehnsüchten, Konzert- und Live-Musik-Vermissungen per Messenger; das gute Gewissen per Knopfdruck: Wenigstens bin ich eine Kiezretterin! geschlossenfuermorgen.de.

Kurz nach Zwölf

Vom Küchenfenster aus wünsche
Ich ein frohes neues Jahr
Und ahne, es ist möglicherweise
Nichts mehr als eine Floskel
Alle Nachbarn sind zu Hause und
Wir winken wilde Luftfiguren
In den Himmel, herzen uns
Distanziert aus nächster Nähe und selbst
Kleine Entfernungen werden plötzlich
Unüberwindbar. Wir werfen trockene Küsse
Durch die Straße statt Böller. Wir prosten
Auf unsere Gesundheit, trainieren uns Mut an
Und Wut ab. Das alles vom Küchenfenster aus
Wir heben Wunderkerzen in den kühlen
Neuanfang, dem Jahresbeginn auf Corona-Art

Und die
Schwarze Dame ruft uns lächelnd zu:

Bald wird es wieder hell

J.H., Silvester 2021. Vom Küchenfenster eben.

Und wieder ein neuer Tag.
Und wieder schrumpft mein Universum
auf eine Kaffeetasse zusammen.

Der Rest der Welt kann warten.

M.B., 27. November 2020. Über dieses Getränk könnte ich ewig schreiben! Meine erste Assoziation mit dem Wohnraum Küche.

Vier Hände

Vier Hände kneten den Teig:
zwei große & zwei kleine.
Um nicht beim Bäcker ewig
Schlange zu stehen, lernte ich
endlich, das Brot selbst zu backen,
und bringe das auch dir bei, mein Kind.

Selbstgebackene Brote schmecken
nach Zuhause, findest du nicht, denn
unsere Hauptzutat ist

Liebe.

M.B., Dezember 2020. Beim Brotbacken mit meiner Tochter.

Zwei Silberlöffel

Meine Mutter ist zu Besuch
Ein selten gewordener Gast
Vor Corona. Dieser Tage wieder öfter
Sie spricht: »Ich habe mir
notiert, was noch in deiner
Küche fehlt.«

Zwei Zebratassen
sind es nicht.

Wir lächeln beide.

J.H., 12. Januar 2021. Der Todestag meines Opas jahrzehnt sich und ich koche sogar gemeinsam mit meiner Mutter.

DER KÜCHENTRAUM

Jeder Mittwoch halb drei ist
Reserviert für einen Spaziergang
Durch meinen inneren Garten
Dort wachsen Schneeglöckchen
Das ganze Jahr und Amaryllis hoch wie Zäune
Ich spaziere nicht alleine
Ich bin mit dir
Und verbringe meine Zeit
Mit meiner vollen Aufmerksamkeit
Seite an Seite, kein Hass passt
Mehr zwischen uns
Die Menschen schauen uns nach
Tuscheln hinter vorgehaltener Hand und halten
Sogar an. Die Tiere schauen mal wieder nicht
Sie nehmen keinerlei Notiz und lassen uns
Wie wir sind. Ich wusste nicht, dass man
Mit dir so wunderlich aussehen kann
Anscheinend sind wir etwas Besonderes
Weil wir einander fest an den Händen

Berühren

Dann erwache ich
Stehe neben mir in meiner Küche
Den Kochlöffel hauteng in meiner Hand

Es riecht nach Milchreis mit Zimt und Zucker
Granatapfelsplitter schalten an unseren
Zungenrezeptoren. Genauso muss sich
Das Zuhause anfühlen

J.H., 2. Februar 2021. Wir berühren einander und noch so viel mehr möchte ich mit dir kochen und ausprobieren und deine kleinen Hände halten.

Nachtschichtliebe

Für Vera

Während du dich besser um die Milch kümmertest
Als um mich und sie danach doch zu Schaum schlugst
Erdachte ich uns ein neues Leben. Ich schichtete es in
Das *halberwärmte Zuhause. Es war einmal unser ›Heim‹

Außer den paar Fetzen *Arschlochgetue*, die strähnig
Von der pinken Küchenwand herabhingen
Blieb nicht viel von dem, was wir im vergangenen Jahr
Noch *Nachtschichtliebe* nannten

Latte Macchiato sieht bei genauerer Betrachtung auch
Nicht mehr ganz so schön aus. Vor allem dann nicht
Wenn man den ganzen Mist zusammen rührt

Aber er schmeckt mir doch. Und: Ich kann nicht ohne ihn…

**Ich habe gelesen, dass Italiener:innen ihren Espresso und die/den Latte in erwärmte Gläser oder Tassen abfüllen. Doch nicht alle gehen wohl so gut mit ihrem Kaffee um…*

J.H., 13. Januar 2021. Einen Tag nach der gemeinsamen Podcastaufzeichnung mit Vera Nentwich und Tamara Leonhard (»Die Zwei von der Talkstelle«), irgendwann auf der Toilette, als ich über das lyrische Arschloch und über Veras Latte macchiato nachdachte.

Mit der Option auf Meer

Das Leben mit dir in denselben vier Wänden
Ist unperfekt. Nichts Außergewöhnliches
Ganz normal. Keine großen Wunder
Sicher und beständig. Mal Ebbe, mal Flut
Ohne große Verletzungen

Wie das Leben mit einem Freund eben so ist:
Mit einem Freund, den man liebt

J.H., Anfang 2021. Auch nach dreizehn Jahren kann man sich immer wieder neu in den eigenen Mann verlieben.

Schlafzimmer

»Erst im Dunkeln kann man
die Sterne sehen....«

11 Uhr morgens
am Rand des Bettes
vier Füße, die sich berühren

M.B., 9. Januar 2021. Am Samstagmorgen in Sonntagsstimmung.

Bettschuhe & Berührungspunkte

Doch, die Schuhe bleiben an!

Sie dürfen bleiben und passen auch genau da hin
Auf lupenreine Laken
Schließlich sind meine Schuhe nur gezeichnet
Sie tragen die Strapazen des vergangenen Jahres
Sei unbesorgt, es hängt kein Hundehaufen in ihren
Rillen und ich war auch sonst in keinem Dreck
Ich bin bloß anderer Meinung gewesen als du, heute
Morgen. Weißt du noch? Als du deine Entscheidung
Getroffen hast und sagtest
Die Schuhe, sie gehörten vor die Türe

Wo kämen wir denn hin, wenn jeder Bettschuh auch
Einen Berührungspunkt mit der Straße gehabt hätte?
Aber bitte vergiss nicht: Das Badezimmer putze ich
Nachts

Wenn die Kinder schlafen

J.H., Januar 2020. Zwischen Schnee und Schneematsch und Dienstleister:innen, die einzigen Menschen, die zu Besuch ins Haus kommen. Schuhe an oder Schuhe aus?

Daheim

Mit gemischten Gefühlen
Ich habe mehr Kontakt zu
Meiner Mikrowelle als
Zu meiner Nachbarin
Von fremden unbemannten Körpern
Und unbekannten Lustobjekten
Ganz zu schweigen
Die Mikro macht mir wenigstens
Die Pizza für einen Abend mit mir
Heiß. Die Hölle übernimmt
Covid-19. Du machst es
Mir schon lange nicht mehr
Recht

Libido-Lockdown

J.H., 30. Januar 2021. Morgens nach dem Wachwerden. Mal bin ich das Gedicht, meistens bin ich es nicht. Das lyrische Ich, in diesem Fall bin ich es nicht.

Der Morgen im Schlafzimmerfenster

Im Sonnenaufgang sieht
unsere Welt schon wieder
Anders aus: Wenn der Morgen
Siegreich aus der Nacht erwacht
Sich raus aufs weite Feld verzieht, er
Sich auf Blätter und auf Wiesen legt
In Täler und in Hügel fließt, ganz
Einfach so, frisch und neu und wahr
Hier und anderswo ein Tag beginnt
Dann frag ich die Antwort

**»Wie um Himmelswillen über eine geschlafene Nacht
der Schwermut verrinnt?«**

Überraschend erkenne ich an
Es ist, wie es ist und es ist auch was
Dran: Schlaf heilt den Tag. Und die
Verwundete Nacht durch den Morgen
Wehr dich nicht dagegen! Gib dich aus
Deinem ganzen Herzen den Vollen des
Lebens hin und beginne... zu genießen

Es gibt keinen größeren Sieg, als diesen

J.H., Februar 2020. Als ich auf einem Spaziergang in Kassel (an)erkannte, dass an der Floskel »Schlaf mal 'ne Nacht drüber« was dran ist. Es hatte sich aus einem ganz anderen Ursprungs-gedicht entwickelt; einem, das ich 2012 geschrieben hatte.

Der Apfel schmeckte heute nicht –

weder ihr
noch ihm
noch dem Wurm.

Zu wenig rot.
Zu wenig süß.
Unreif.

Zu klein das Paradies, zu viel Nähe
auf wenigen Quadratmetern verteilt.

Eva googelt heimlich Scheidungsunterlagen.
Adam lädt ein Handyspiel herunter, um
sich abzulenken.

M.B., Dezember/Januar 2020/2021. Dieses Gedicht gehört zu den Wortkreationen, die für ihre Entstehung Zeit brauchten. Ursprünglich für eine Instagramchallenge gedacht und drei Mal komplett umgeschrieben.

Die Wäsche trocknet
auf dem Balkon.
Die Hoffnung trocknet
auf dem Fensterbrett:

Auch sie habe ich gewaschen, auch sie
braucht Wartung und Pflege,
damit sie morgen wieder

glänzen kann.

M.B., 24. Februar 2021. Hoffnung ist pflegeleicht.
Vorausgesetzt: Man hat sie.

In Momenten des Zweifels

Schnell und kurz
Bebt das Herz im Rausch
Die Verzweiflung
Ist Messbar
Abhänge der Anomalie
Ungewissheit schwebt
Und kämpft sich

Frei. Raum ist begrenzt

Balance-Akt. Ratsam ist die
Offenbarung
Gütlich hin gewandt
Zur alltäglichen
Melodie
So blühte sie still
So welkte sie leise
Und auf ihre Weise
Bedeutete sie
Irgendjemandem
Eine Welt

Erst aus der Gewissheit
Über die Imperfektion aller Dinge
Erwächst wahre Schönheit

Im Falle eines Zweifels
Wütet sich das Herz inmitten
Der bekannten Euphorie

Und blühtet

J.H., keine Ahnung, wie und wann und wo. Ich wusste ja nicht mal mehr, dass ich es geschrieben hatte. Wochenlang blieb es ohne Entstehungsgeschichte, bis Marina auf meine Frage »Wer hat es geschrieben?« antwortete: »Von mir ist es jedenfalls nicht.« Dann, am 19. Februar 2021 bekam es endlich ein Ende. Und seine eigene Geschichte und das authentischerweise im Schlafzimmer.

Hat die Sehnsucht wieder
Hunger, kommt
sie deswegen zu mir?

M.B., 14. August 2020. Zwischen zwei Lockdowns und immer wieder aktuell.

Du schenktest mir so viele Erinnerungsbilder,
dass sie vielleicht für ein ganzes Museum
reichen. Jedes Exponat goldumrahmt:
so bunt, so lebendig.
Und niemand darf
sie berühren
(außer vielleicht mir).

Ich bin eine Sammlerin, die auf ihre neuen
Exponate nach dem Lockdown wartet.

M.B., 5. Januar 2021. Abends im Bett ins Handy eingetippt, als ich die alten Entwürfe las und mich davon inspirieren ließ.

Zum Vermissen

Weine ich mich in mein
Lieblingskissen. Es liegt auf meinem Bett
Und erwartet mich. Wann immer
Ich es brauche. Momentan fehlen mir die
Freunde, die in anderen Städten ich
Nicht besuchen darf

Wenn das Vermissen eine Farbe wäre
Trüge es ein Himmelblau
Der Ferne wegen. Es läge heute still
Den Wolken zum Weinen nah
Wie ein Lieblingskissen, ganz genau

Wenn das Vermissen einer Blume glich
Welche wäre sie für dich?
Für alle Fälle eine, die der Liebe und den
Existenzen kein Pflücken je der
Abbruch drohte. Und mein Herz, es

ü b e r s c h r e i t e t   G r e n z e n

Wenn das Vermissen ein Gefühl nicht
Wäre, sondern doch nur bloße Zauberei
Eine Wortdruidin stets damit beschäftigt wäre
Es auszulösen in der Sehnsucht weiter Ferne
Was wäre schon dabei?

Und wenn ich es genau bedenke
Mischt all das sich doch weit ins
Unermessliche
Erst im Dunkeln kann man die Sterne
Richtig sehen. So sitze ich hier und
Warte auf einen

J.H., Februar 2021. Experimente mit Gedichtfragmenten, nachts.
LQ (@lyrischesquartett) lässt grüßen.

»Erinnern ist das bessere Vergessen«

Ich hänge an meinen Erinnerungen
Wie andere Kunstobjekte
An Museumswände. Ich sehne unseren
Erinnerungen nach, aber du hältst sie mir
Lieber vor, als wären sie zersprungenes
Spiegelglas. Und das sind sie
Auch. Das sind sie wirklich. Gefährlich und
Scharf. Feinde meines Gedächtnisses

Es ist ganz schön was los hier im Pub
Der Modifikation meiner neu
Gestalteten Gedächtnisspur
Mit jedem Erinnern löschst du
Mit kochendheißem Wasser und aktualisierst
Information. Im Vorzimmer meines Schlafzimmers
Dort, wo all die verloren gegangenen
Gegenstände meines Lebens auf mich
Warten und sich in schlafender Kaffeerunde
An spitzenbetischdeckten Sitzgelegenheiten
Gemütlich bereit gelegt haben, mir
Zu zeigen, was ich alles (nicht) besaß, ohne es
Zu wissen. Meinen Erinnerungen geht der Saft aus
Weil ich mir ihnen stets zu sicher war
Respektive gar nicht bewusst gewesen bin
»Ich weiß, dass ich nichts weiß« und du, mein
Hirn spielst mir dabei gerne Streiche, auf meiner
Schatzsuche. Einer Reise durch die Zeiten
Um dessen Vorgang wir doch alle bewusst uns sind:

Denn wir wissen, diese Schätze, die wir finden
Sie behalten, wäre sinnlos, weil sie uns ja nie gehörten

Erinnerung funktioniert
Allein durch das Prinzip
Des Vergessens

J.H., 23. Dezember 2020. Als ich mir in der Nacht vor Heiligabend vorstellte, wie es wäre, all meine verlorenen Gegenstände in einem Vorzimmer zum Himmel wiederzusehen, bevor ich zu Wasser, Licht oder Liebe in Form eines Schutzengels werden würde (Vielleicht muss ich dann ja auch wieder runter auf die Erde, um ein weiteres Leben zu leben, weil ich noch etwas unten vergessen habe).

Der Dezember kam und spricht
und schweigt die Sprache der Kälte
und der kahlen Bäume.
Dringt unter die Haut, lässt
alle Fenster schließen.

Meine Fingerkuppensensoren
hungern, wollen mehr
Berührungseinheiten,
sind unterfordert von
zu wenig dich.

M.B., 31. Oktober 2020. Inspiriert vom Buch »Swimming Lessons« von Lili Reinhart, das ich in einer kleinen Buchhandlung entdeckte und mir zum Geburtstag schenkte.

Fingergedächtnis

Die Finger haben ein Gedächtnis, sagte mir einst
mein Klavierlehrer. Später habe ich erfahren:
Er hatte Recht.

Meine Daumenkuppen berühren den Bildschirm –
dein vorläufiger Stellvertreter –,
während sie an Deine Haut denken,
den Betrug sofort merken:
Ein Bildschirm wird nie hautwarm.

Zum Abschied werden wir uns nicht umarmen:
Dafür fehlt uns die physische Nähe.
Wir haben nur unsere Worte.

Wir umworten uns.

M.B., 11. Januar 2021. Die neue Zeit lässt Dichterinnen neue Synonyme (er)finden. Und die Sehnsucht ist sowieso ein chronischer Zustand.

Vertigo

(An jede meiner Tränen)

Meine vier Schlafzimmerwände
Vertragen heute Plüsch
Ein Täubchen flattert
Durch das geöffnete Fenster
In meinen Schutzgraben
Knallt gegen
Tagtraummauern

Fliegt nicht mehr weiter
In meinen Augäpfeln
Nisten schwarze Calla
Bereit dem Verderben zu
Begegnen. Eine Wolke trug
Den Sichelmond hinfort
Meine Tränen tragen
Trauergewänder aus Federn

Ist ihr Kleid
Meine Hände sprechen
In Gebärden: Ich war ok!
Ich hatte alles im Griff
Doch dann kam Corona
Und mein Leben wurde
Zum Verlies

Dunkel

Kalt

Feucht

J.H., 20. Januar 2021. In der Hoffnung, den Keller wieder trocken zu legen, Licht zu spenden und Gesellschaft zu leisten. Gegen das Einsam-Sein. Gem-Einsam-Sein, damit niemand Allein-Sein muss.

Deine Worte

deine worte sind krakenartig

vielarmig
langatmig
mehrfarbig

sie locken mich in die tiefe
des gefühlsozeans…

und dann bist du plötzlich offline.

M.B., 6. Januar 2020. Geschrieben für eine Instagramchallenge, als wir noch nicht wussten, wie sehr unser Leben sich bald verändert und dass die Unterhaltungen zum größten Teil in Onlineräumen stattfinden werden.

UNSERE WORTE

unsere münder waren hohl
und ihre besitzer
müde. wir suchten
worte füreinander
und fanden unter dem bett
ein leeres blatt papier –
so weiß, so arm:

das protokoll des schweigens.

M.B., 21. November 2020. Gedichte, die in Schlafzimmern entstehen, haben eine besondere Atmosphäre – die Stille durchtränkt sie. Ich schrieb es abends im Bett, ohne dabei ein Ereignis aus meinem Leben dokumentieren zu wollen. Es waren die Nacht und die Stille, die mich dazu inspirierten.

SCHLACHTEN

Ich kämpfte gegen Wände, die mich einsperrten
Gegen Mauern, die mich abhielten
Gegen Gedanken, die mich versklavten
Gegen Substanzen, die mich entkräfteten

Doch dann betratst
Du mein Herz
Und ich fand ein Zuhause

Und nun erahne ich
Wo*für* sich Kämpfe lohnen

J.H., 3. Januar 2021. Wir lohnen uns.

Schlafen

haben sich
meine Worte gelegt,
träumen: vom
postcoronalen
Leben, von einer Freiheit,
die sie zu schätzen lernten.

Und von deinem Mund
auf meinem.

M.B., 17. Februar 2021, als ich dieses Kapitel korrigierte – wieder nachts – und gefühlt zum 100. Mal auf die Wiederherstellung der Internetverbindung wartete und deswegen eine Nebenbeschäftigung brauchte.

Beim Befeuchten der Briefmarken

Mögen Träume sich in Erfüllung verwandeln
Und deine Zweifel in eine andere Zukunft auflösen

Damit wir uns ganz haben. Erst wenn wir einander
Wieder erinnern, wie wir gerne gesehen werden wollen

(In Farbe, nicht in schwarz-weiß, so viel steht fest)
Haben wir *uns* erkannt. Doch selbst durch die rosarote Brille

Lassen sich Konturen erkennen. Manche in blutender Wut
Andere in einem Goldrausch. Und wenn wir die Wunder leckten

(Ich gebe zu, sie sind winzig klein wie Briefmarkenzähnchen, dafür
Zahlreich), die wir allzu gerne übersehen haben, dann öffnest du die Tür

Du gehst und ziehst weiter. Vergiss nicht, dass wir uns in der Zukunft nur Alleine sehen dürfen. Du musst sie zu Hause lassen. Die fremden Gedanken

An sie

J.H., 8. Januar 2021. Als Marina und ich uns des Nachts im Google-Docs-Dokument trafen. Ich fühlte mich weniger allein während des Schreibens. Eine neue Erfahrung, die mein lyrisches Ich beflügelte.

Am Schlafzimmerfenster, ein Gebet

O seht, die Königin der Blüten! Dieses wunderschöne
Blumenkind. Sie hat sich bereit erklärt, zum vierten
Mal für dieses Jahr ihr strahlendes Gesicht zu zeigen
(Errötet.) Sie tut es alles andere als aus Scham
O du Schönste aller winterlichen
Hochschönheiten, uneingeschränkt
Bin ich dir untertan

Im Frühjahr du es bist, mit deinem letzten
Rosarot das Kaminfeuer zu erwärmen
Mitten auf der Fensterbank. Über dem Himmel
Hängt die Mitternacht. Zum Abschied vergieße ich
O Göttin, nur für dich, leisgelebte Tränen
Weil ich, obwohl ich Mensch geworden bin, die
Blumensprache verstehe. Manchmal übe ich mich

An deiner Macht. Du bist es, die Geheimnisse gut
Bewahrt und majestätisch des Mondes Licht bewacht
Du bist es, die aus den Vollen lebt, Reife nuanciert
Jubel entfacht und zeitgleich Mut zur Lücke offenbart
Die, die nicht mehr üben muss
Nicht wie ich. Der Schnee schmilzt stumm, die Zeiger
Der Uhr zerfließen dalisamerweise

In gewisser Zuversicht, dass alles kommt und geht
Niemand je vergessen wird, beten wir alle Namen
In Unvergessenheit, Endlichkeit, Herrlichkeit, Amen

J.H., 26. Dezember 2020. Nachdem ich die traditionelle Amaryllis-Aufmerksamkeit meiner Freundin N. in einer Geschenktüte vor der Haustür vorfand. Sie stand da, Lock-Mittel für mein Herz, mich zugleich knospend in ihrer perfekt-unperfekten Zwiebel im Wachsmantel anlächelnd. Ich bestreite nicht, dass in diesem Gedicht der ein und andere Gedanke an meine liebe Kollegin, die »Blumenpriesterin«, inspirierend mit eingeflossen ist.

Kinderzimmer

»Dann schämt sich mein Mama-Ich und sagt überzeugend: Ich habe es ja so gewollt…«

ZWIESPALT, NACHTS

Die Augen, rot unterlaufen
Mitten in der Nacht der Tag
Sie träumt noch vom tiefen Schlaf
Geduldig tröstet sie das schreiende
Baby. Vergräbt Küsse in seinem Nacken
Wiegt, wendet, wickelt. Drei Worte, neunzig
Minuten lang. (Am Tag wäre jetzt der Moment, in
Dem Würstchenwasser und Milch aus
Kochtöpfen überkochen und Paketboten
An Haustüren klingeln.) Das Füttern ist
Die richtige Antwort im Eltern-Sein-Quiz
Eine Stilleinlagen später (selbstverständlich
Stoff, wegen der Nachhaltigkeit) ist die
Zweite längst unbemerkt wie Babysöckchen
Verloren gegangen. Die Brüste, zur Begrüßung
Den Stillhut voreinander ziehend, interessiert
Das nicht die Bohne*: »Wie zum Henker funktionierst du
So fleißig mit?« Es trieft. Das frische Schlafhemd
Nass, der Strampler feucht. »Wieder durchge-
Gangen?«, fragt der Mann von der warmen
Bettseite. Sie gähnt ein tiefes *Ja* ins
Familienzimmer. Nebenan: ein leises
Schnarchen. Kind 1 wird wach, erscheint im Eltern-
Schlafzimmer: »Ich muss mal«, danach: »Machst du mir
Einen Kinderkaffee? Was spielen wir jetzt zusammen?«
Und einen Blitz lang wünscht sie sich, dass
Ab morgen wieder Kindergarten ist. Ganz normal

Dann schämt sich das Mama-Ich und sagt
Überzeugend: »Ich habe es ja so gewollt

Zu meinem großen Glück habe ich mit dir und deinem
Bruder alle Hände voll

Zum Lieben«

J.H., 18. Januar 2021. 03:01 Uhr. Müde & ausgelaugt. Dankbar und glücklich. Der berühmte Zwiespalt. Und wir alle wissen, welche Seite vom Spalt überwiegt.

**Lesetipp: www.beanbeat.de. Während meiner Recherchen zu der Redewendung darauf gestoßen.*

Wie ein Sonnenstrahl auf die Morgenblume
legen sich zwei kleine Hände
auf meine.

M.B., 20. Dezember 2020, spätabends. An mein bereits schlafendes Kind denkend.

Dein Name

Irgendwo auf der Welt
gibt es ein großes kleines Glück
Es trägt deinen Namen

an der Zimmertür
und macht unser Zuhause
erst zu einem *Wir*

J.H., für alle Kinder dieser Erde, zu jeder Zeit.

Wir spielten Puppen, und dann:
»Mama, warum
werden die Menschen krank?«

Was soll ich dir sagen, mein Kind?
Manche Fragen ENTworten mir den Mund,
statt ihn die ANTworten produzieren zu lassen.

M.B., März 2020. Plötzlich erkrankten alle Plüschtiere zu Hause an Corona. Irgendwann kam auch diese Frage und ich wusste nicht, wie ich reagieren sollte. Wie würdest du einem 4-jährigen Kind antworten?

Berührungsverbot für kleine Hände

Die Luft ist warm, dafür sorgt die
Heizung. Und Kinderlächeln.
Die Puppen schlafen in ihren Bettchen.
Bald ist Abholzeit.

Frau Müller dirigiert das Aufräumen.
Frau Sauer rückt ihre Frisur zurecht.
Zwei Kinder kriechen unter den Tisch,
um sich dort heimlich

zu umarmen.

M.B., 13. Dezember 2020. Tief erschüttert über die Erzählung einer Freundin darüber, was ihr Kind ihr aus seinem Kindergartenalltag berichtete.

Wann haben Sie sich zum letzten Mal irgendwo daheim gefühlt? Wollte der Therapeut wissen.

Ich antwortete ihm, seit meiner Flucht aus Jemen nach Deutschland nie wieder Heimatgefühle empfunden zu haben. Höchstens als das Zuhause für meine Kinder.

Und fühlen Sie sich damit wenigstens wohl?

Wenigstens wohl?
An und für sich bedeutet mir das alles,
was ich erwarten kann.

Sie sind die Ankunft meines Lebens.

J.H., 6. Februar 2021. Es musste noch ein Gedicht für das Kinderzimmer her. Nach einer Reportage entschied ich mich, es über einen Vater zu schreiben, der aus seiner Heimat fliehen muss, um endlich Frieden zu finden.

Du machst mit Deinen Worten dasselbe,
was die Sonne mit ihren Strahlen macht:

mein Universum wärmer.

(Wenn dein Kind »Ich liebe dich!« sagt.)

M.B., 28. Dezember 2020. Liebesworte sind so wichtig! Gerade in Zeiten wie diesen. Für uns gehören sie zum Alltag. Und machen den Lockdown-Winter gemütlicher.

Mama, Schnee! ruft das Kind, holt
seinen Schneeanzug aus dem Schrank, hüpft
vor Freude im Flur. Lacht.

Ja, Schnee, aber erst nach dem Frühstück,
sagt die Mutter. Steht auf. Draußen
alles weiß.

***

Weiß auch der Spielplatz.
Und die Gedanken des Kindes.
Bleib bitte hier, neben mir!
ruft die Mutter und meint damit:
Halte Abstand zu fremden Menschen.
(Und sie werden dadurch noch fremder.)
Sandfarben ist ihr Verlegen –

Schnee auf dem Sand.
Kinderfüße auf dem Schnee.
Sorgen der Mutter auf dem Kind.

M.B., irgendwann im Januar. Zwischen Schneeschippen und Socken sortieren.

Im Kinderwagen mit Trittbrett fahren wir neben
dem Baby eine Grillzange spazieren.
Die Tochter sammelt Abfall auf Spazierwegen.

Abenteuer: Lockdown-Leben. Highlight: Müllfrau.

J.H., 21. Januar 2021. Als mir meine beste Freundin von ihrem Ebayschuss »Trittbrett für den Kinderwagen« berichtete und meine Tochter Müll sammelte.

Regenbogengras in der Wüste

Zwei Kinder an regenbogengefärbten
Fensterscheiben
Mit bunten Steinen verständigen sie sich
Es scheint, ihre Herzen wachsen
Nach draußen
Sie drücken ihre Nasen an die Scheiben
Wie früher an Schaufenster der Spielwarenläden
Und jetzt bei seltsam viel Schnee
Drinnen wird die Außenwelt
Zur Virus-Wüste
Der Durst nach Wärme wässert
Bei Weitem
All die nicht beschrittenen Wege
Die unbeschriebenen Blätter
Die noch offenen Türen
Den Gedanken schaut man
Beim Wachsen zu, setzte man sich nur an
Ihre reichlich gedeckten *Gedankentische**
Wie in einem Aquarium
Schnappen die Kinder nach Luft
Nicht mehr
Sie haben gelernt unter Wasser zu atmen

Und auch in der Wüste wächst irgendwo
Wieder Gras

J.H., 22. Januar 2021. »Mama, spielen wir Konzert? « »Auja« »Gut, da steht das ›Defektmittel‹ « Ich berichtete davon wiederum meiner Mutter, sie sagte: »Die Kinder wachsen damit auf.«

**An den Gedankentischen im Gedenken an Sigurdur Pálsson, »Gedichte erinnern eine Stimme«, Elif Verlag.*

Badezimmer

»Ich demaskiere mich. Ich werde frei.
Ich werde ich…«

Badewannen-Lockbuch
oder: Meine mittelalterliche Maske

10:57 Uhr:	Wasserfontänen schießen aus der Leitung kalt.kalt.kalt.waaarm.
10:59 Uhr:	Entzünde rosa Herzkerze. Geschenk von Tochter. Riecht nach Rosen.
11:01 Uhr:	Heißwasserfälle ergießen sich becherweise über meinen müden Kopf.
11:03 Uhr:	Wasche mir die Haare wie gewohnt, doch heute riecht das Shampoo noch intensiver nach Marokkanischer Minze. Lieblingshandtuch zum Turban binden, fertig!
11:06 Uhr:	Drehe den Kopf zu allen Seiten, knack, knack, knack, renke mich selber ein.
11:07 Uhr:	Wasche mir mit gelbem Massageschwamm Zitronenbuttermilch auf die Haut.
11:08 Uhr:	Fühle mich wie neu beschworen, auch ohne Prinzessinnen-Status.
11:09 Uhr:	Denke darüber nach, ein bisschen wie ein Geburtstagstörtchen in der Wanne nach dem Fertigbacken zu sein.
11:10 Uhr:	Mir kommt das Bild: Zuckerguss im Wannensiphon.

11:11 Uhr: Meine Tuchmaske* sitzt perfekt (fast fastnachtstauglich). Sie gehört zu meinem Drei-Punkte-Plan: »So badet sich's mit Baby – Wenn das Baby dabei außerhalb der Wanne bleiben soll«. In der gleichen Reihe erschienen außerdem: »Wie man mit Baby bloggt« und »Mama und Kind gelockt – Pandemie, Anarchie & Windelpoesie. Die Frau endlich wieder fremdbestimmt«.

11:15 Uhr: Unterm kohleschwarzen Tuch beginnt der Working Day (klärend soll die Tuchmaske sein, glättend die paar Falten auch. Warum denke ich dabei mehr an den Geist der Zeit, denn an meine Haut? Egal, Detox schadet dieser Tage nicht und ist auf allen Seiten gut. Unten Tonie Box. Oben: Fidira la la la Spa!

11:25 Uhr: Gestern mit Kuttner in der Kiste, heute schon mit Barack in der Badewanne und neben der Fliesenromantik denke ich, die neu gekauften Badezimmerwände in diesem Jahr noch gründlich grün zu streichen (Was soll man sonst auch den ganzen Tag so zu Hause tun?).

11:28 Uhr: Denke an nichts. Lüge! Vom Klodeckel aus lächeln mich die zwei Stilleinlagen mit ihren verheißungsvollen Augen an. »Du wirst noch zu lernen haben, dass wir beide hier das Sagen haben!«

11:30 Uhr: Das größte Geschenk meines Lebens liegt schlafend in starken Armen. Das andere schaut ›Yakari‹. Ich werde wieder jung. Während meiner »Chill-Auszeit« powered by Kneipp.

11:34 Uhr: Das Baby schreit.

11:34 Uhr: Lösche rosa Herzkerze.

So macht man Wellnessurlaub in Corona.

J.H., 3. Januar 2021. Notizenhaft verfasst während des Stillens nach dreißigminütiger Wannenwellness - meinem Geburtstagsgeschenk. Vollendet und festgeschrieben am 30. Januar 2021.

*Badetipp: Tuchmaske statt Gesichtsmaske auf Cremebasis verwenden. Das Entfernen hält nicht lange auf.

M.B., Januar 2021. Als ich Jennys Lockbuch-Gedicht las.

Morgen im Spiegel

Wen ich morgen im Spiegel sehe:
eine müde Frau mit Augenringen,
die wieder zu lange wach gelegen hat,
deren Pyjama aus den Zukunftssorgen
besteht und vielleicht noch zu 20% aus
Hoffnung. Deren Mund schöne Worte
sagen will und doch meistens schweigt:
Keiner da, der zuhört und für die eigenen
Ohren zu laut. Deren Hände gut Klavier
spielen können, doch schlecht streicheln
die Haut Fremder. Und das Kontaktverbot
macht das Üben schwer. Deren Gesicht
dankbar ist für das fehlende Make-up
(Denn wofür, wenn keine Zuschauer?).
Eine Frau, die in ihrem Spiegelbild
ersten Anzeichen der Haut-
alterung feststellt und sich fragt, ob sie in
einem angemessenen Verhältnis zu ihrer
bisherigen Lebenserfahrung stehen. Über
die Achtsamkeit werden viele Bücher
geschrieben, vielleicht sollte auch sie
eins davon lesen. Etwas im Tagesablauf
muss geändert werden. Was bringt ihr
der neue Tag?

Wen ich morgen im Spiegel sehe:
Die Tochter der modernen Zeit.
Die Zeugin von Corona.

M.B., 3. Januar 2021. Manche Gedichte wecken nachts und lassen nicht schlafen, bis sie aufgeschrieben (oder eingetippt) sind.

Kommentar von J.H.: Wir sind die Zeugen von Corona. Lebendige Zeitzeugnisse. Zeitzeuginnen.

MANDELN WERDEN

Im Bad hängt Zuckerwatte in der Luft. In ›Miss Dior‹ badet es
Sich herrlich. Der Pullover hängt noch über der Heizung
Ein Souvenir meiner Schwester

Mann und Tochter spielen Heimatmarkt
Am Familienherd und in der Küche wird es
Weihnachtlich

»Hark The Herald Angel Sing« brüllt es aus
Den Boxen. Die gebrannten Mandeln landen als
Geschenk

In meinem Wintermantel. Gehe nach Draußen
Dreiundfünfzig Zentimeter Neuschnee. Schaue das
Blaue vom Himmel

Zaubere eine Mandel hervor. Betrachte sie
Aufmerksam, als gäbe es keinen Morgen. Halte
Anderthalb Meter Abstand

Zum Vogelhaus. Die Mandel landet in meinem Mund
Eine nach der anderen. Knacke Krusten
Wie Schneedecken knirschen

Stell dir vor, es wäre Weihnachten und niemand besuchte
Seine Märkte. Keine handbeschuhten Finger träfen
Auf gewärmte Mandeltüten

Berührungsfremd blieben diese Mandeln. Bitter
Schmeckte ihre Zeit. Ich denke an Daheimgebliebene
Keiner kam

Zu Weihnachten nach Hause. Ich vergrabe Mandeln
Ohne Zuckerguss für die Eichhörnchen im Sandkasten
Wir werden neu, wenn wir verbunden bleiben

Ein ganzes Universum in nur einer Mandel
Wie ein einziger Moment
Wenn wir Mandeln werden

J.H., 24. Dezember 2020. Es weihnachtete sehr, als ich im Badezimmer die Kerze mit Vanilleduft entzündete.

hinter dem duschvorhang
fließt das wasser
seltener moment der ruhe
zum glück duscht
man sich allein

M.B., 21. Januar 2021. Manchmal hat man den Wunsch, sich vor allen zu verstecken. Die Mütter haben da eine sehr begrenzte Auswahl an möglichen Orten, vor allem die Corona-Mütter. Wenn die Dusche zur Fluchtmöglichkeit wird.

Die besten Ideen

kommen mir
zu hause, wenn ich nicht an sie
denke. unter der dusche
oder während des wäsche-
machens
von zeit zu zeit lasse ich
meinen kaffee für sie
stehen. besonders weiß ist
meine wäsche nicht. dafür
entstehen gedichte

J.H., ich weiß nicht mehr wann, ich schätze nachts. Während des Wäschemachens oder nach einer reinigenden Dusche.

Ich bin Wasser

endlich bin ich wieder, wer ich war
ich wurde wasser, mit der zeit
sie ist es auch. wie ich. ich bin zeit

zerfließe in weichen händen. rinne
wir alle waren
        wasser. werden wir es wieder
mit der aussicht auf wasser
werden wir wieder gleich. in den
wellen werden wir eine allianz
der einheit. in ewigkeit. eins.
werden wir wasser mit der zeit

J.H., 22. Januar 2021. Ich schlage »Wilde Iris« der Literaturnobelpreisträgerin 2020 auf. Bereits auf der ersten Seite schenkt mir Louise Glück die Erkenntnis meines Lebens. Die Antwort auf die Frage, was nach dem Tod kommt. Ins Google-Dokument geschrieben um 6 Uhr morgens nach einer heißen Wanne. Geändert und festgeschrieben am 11. Februar 2021 um 4 Uhr morgens im Arbeitszimmer. Nach sehr vielen Bechern Wasser. Und draußen fällt leis der Schnee.

Neues lernen

Eines Morgens, nach dem
Frühstück, im Badezimmer:

Ein älterer Mann, der neulich bei Ebay
eine professionelle Haarschneidemaschine
ersteigert hat, und seine Frau, die mit ihrer
zitternden Hand versucht, sie zum ersten Mal
zu bedienen…

M.B., Ende Januar 2021. Als ich einen Tweet las, in dem eine junge Frau berichtete, wie verzweifelt ihre Mutter aussah, als sie ihrem Mann selbst die Haare schneiden musste.

Regentonnentage

Hinter fremden Fenstern sind die Gardinen weißer
Mein Kaffee hat mir heute nicht geschmeckt
Wir spazieren durch die Nacht. Die Lichter sind hell
Und die Dichterinnen müde. Wenigstens Schnee

Heute ein Tag für die Tonne war

»Dankeschön, ihr Schneemänner!«, wird meine Tochter
Morgen um diese Zeit aus dem geöffneten Badezimmer
Fenster gerufen haben. Die Müllmänner werden dazu lächeln
Maskenfrei. Sie sind an der freien Luft

An jedem Autorückspiegel eine Maske hängt

An jedem Leben 1 Mensch pro Haushalt. Mir bleibt gerade
Nicht viel. Lieber Musik auf den Ohren als Tomaten auf den
Augen. Ich singe mit. Trotz Aerosole.
Mein Mund ist draußen
Am LAUTESTEN. Meine Stimme fühlt sich alleine.
Eine Maske hebe ich auf. Sie gehört in den Mülleimer
Kann mich irgendjemand hören?

J.H., 21. Januar 2021. Manchmal hilft nur Musik. Heute geht Restmüll. Die Tonnen habe ich schon rausgestellt.

Körperpflege

Die Zähne sind geputzt.
Die Haare gekämmt.
Das Gesicht gewaschen.

Die Fingernägel schneide ich
nicht ab. Ich lasse sie weiter wachsen:
Wenn die Angst wieder kommt,

muss ich mich wehren können.

M.B., 23. Januar 2021. Entwürfe. Entwürfe. Entwürfe. Aus einem davon habe ich dieses Gedicht rausgepickt.

Spieglein an der Wand

Spieglein, Spieglein an der Wand,
wer hat die größten Augenringe
im ganzen Land?

Ich bin es mit Sicherheit
nicht. Meine lassen sich noch
mit Make-up überdecken. Viel
schlafloser sind die Nächte derjenigen,
die sich um ihre Existenz fürchten.
Die, die Entscheidungen treffen,
von denen Menschenleben abhängen.
Die gegen eine Krankheit kämpfen: auf beiden Seiten.
Die gerade – trotz schwieriger Zeiten –
neuen Menschen das Leben schenkten
und keine Zeit haben, in den Spiegel zu
schauen, um ihre Augenringe
zu sehen.

***

Was die Herzen fühlen,
wie intensiv sie fühlen,
ist uns in die Gesichter geschrieben
mit einer unsichtbaren Hand.

M.B., 29. Januar 2021. »Ich muss noch ein Gedicht für das Badezimmer schreiben, noch ein Gedicht für das Badezimmer«, ging mir ständig durch den Kopf. Und dann kam mir eines Morgens beim Blick in den Spiegel der mögliche Anfang. Den Rest schrieb ich abends im Bett. Ergänzt und fertiggestellt am Folgemorgen.

BÜHNENREIF
ODER: SPIEGELFREI

Sie ziehen mich an. Und aus. Vor dem Spiegel. Die Augenblicke, die ich hier für jemanden sonst verbrachte, denn für mich. Meine Wimpern zurecht schmückte für alle, nur nicht um meinetwillen. Die Stunden mit mir, ohne mich wirklich (an) zu sehen. Die Momente, in denen ich pflichtbewusst war, heftigst beschäftigt damit, eine andere zu sein. Alles dafür und dagegen zu tun, außer mir und ich selbst zu werden. Fremden Gegenwert mit einem Häuflein Elend aufwog. Mich für die magische Wucht deiner Ratschläge* bis unter die berougten Wangenknochen bewaffnete. Sie steckten voller Schlagkraft und sie trafen mich eben schmerzlich wie die Spitze eines Kajalstifts, die man sich ins Auge stickt. Du mein Spiegelbild, du projizierst mich in genau den Momenten, in denen ich weder jemand anderes wurde, noch ich selber war. Wann bin ich wirklich für mich da?

Ich war hübsch. Für die Bühnen dieser Welt, die mir das Leben bedeuten. Doch wann bedeutete mir mein Leben die Welt? Als ich mich für die zurecht machte? Für die Gesichtslosen? In einer fremdfließenden Masse schwamm ich lange mit den toten Idioten. Doch heute ist Samstag und ich habe frei. Schon wieder. »Geschlossen für morgen«. Ich sehe vorbei. Vorbei an den Fotografien an meinen Wänden. Vorbei an fremden Lebensbildern. Sehne mich darüber hinweg. Über das Erlebte. Über meine Makel. Meine Zacken. Menschen machen Mist – wichtig ist, woran man ihn misst. Stattdessen sehe ich mir nach, was ich mir 5.577

zigarettenlang angetan. Narben bleiben, das kommt in den besten Familien vor. Nichts für ungut. Niemand, außer meinem Spiegel wird sich heute nach mir sehnen. Ein Bildnis mache ich mir an diesem Tage nur von mir. Ich putze mich heraus. Für mich. Für immer. Wir beide haben alle Zeit der Welt, aber keine Fremde dieser Welt gibt mir meine Zeit zurück, in der ich ohne mich gewesen bin.

Schwamm drüber. Ich schminke mir ab, heute noch (r)auszugehen. Ich demaskiere mich. Ich habe frei. Ich werde ich. Inzwischen ist Sonntag. Jeder Tag ist Sonntag. Ich bin ich. Ich habe frei. Immer noch. Ich mag mich. Wieder. Ich bin ein Sonntagsmensch geworden.

Ich werde schöner mit der Zeit. Von innen wie von außen. Und vielleicht meint das ja Ewigkeit. Übrigens: Den Lippenstift sieht man unter meiner Maske nicht. Aber ich fühle ihn und weiß, er ist da.

** vgl. meine Inspiraionsquelle ↓*

*J.H., 21. Januar 2021. Für alle Zweifelnden. Eine Lockdown-Erkenntnis: Am Anfang und am Ende des Tages bin ich die Erste und die Letzte, die in den Spiegel sieht. Lesebegleitung in der Wanne: *»Die idiotische Wucht deiner Wimpern« von Sünje Lewejohann.*

Liebesspritze

»Die Pandemie heizt die Impfdebatte an.«
Glücklicherweise habe ich mir vor Jahren
Deine Liebe verabreicht. Das macht mich
Immun gegen alles
Und die Zeit zu Hause
Erträglicher

J.H., seit 13 Jahren. Du, ich und die Impfung. Während des Zähneputzens und Nachrichtenhörens.

Mini-Ozean

In meinem Mini-🌊
in der 🛁
schwimmen keine 🐟
dafür eine 🧜‍♀️

M.B., 12. Februar 2021. Geweckt von diesem Mini-Gedicht, beim Eintippen ins Handy Wörter durch Emojis ersetzt.

Arbeitszimmer

»Die Kunst wird ihr
kein Brot je bringen...«

Wenn ich ab jetzt grob gerechnet acht
Stunden täglich hier verbringe, dann
muss ich hier die Arbeitsatmosphäre
schaffen (oder wenigstens den Hobbyraum-
Look beseitigen). Auf den Tisch
gehören nur Laptop, Stifte und Block.
Und eine Tasse Kaffee und das Telefon.
Und vielleicht noch ein Bildrahmen
(im Büro habe ich das ja auch). Alles
andere wird vorläufig im Wohnzimmer
deponiert.

Keine Videokonferenzen heute, das heißt:
Kleidung und Frisur sind frei wählbar und
kein Make-up. Nur unter dem Tisch –
trotz Teppich und wetterbedingt:
Sockenpflicht.

M.B., die Idee habe ich mir am 6. Februar 2021 zwischen Herd und Kinderzimmer notiert, Tage später endlich überarbeitet.

Kommentar von J.H.: Socken und keine Schuhe :D Die überwintern ja im Schuhregal!

Ein Tag im Home-Office: vereinfacht dargestellt

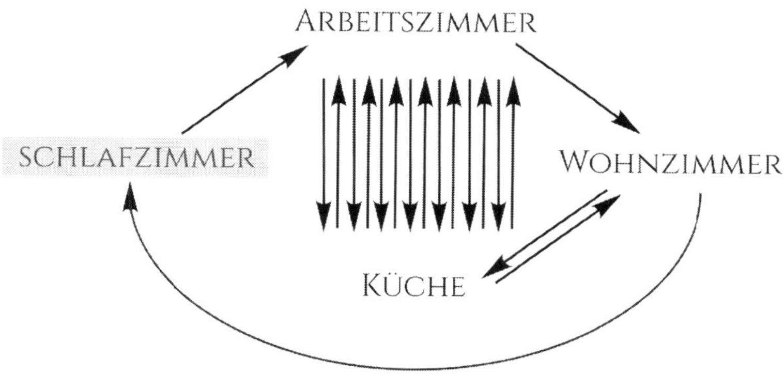

M.B., 15. Februar 2021. Lust auf visuelle Poesie gehabt und endlich eine alte Idee realisiert.

HOME-OFFICE

Es muss gestern gewesen sein:
Wir tanzten im Regen
Am Zollhafen zu Clueso und
Spielten mit wilden
Gedanken. Danach
Küssten wir uns
Unsere Münder sich auch
Und wir fassten uns wie
Kinder bei
Den Händen

Heute tragen wir Verantwortung
Nicht nur auf unseren Armen
Finden im Abstand mit dem
Gegenüber zueinander und
Begegnen uns maskiert. Wenn
Überhaupt. Wir retten
Statt uns die Welt
Vom Bürostuhl aus
Der steht jetzt Daheim
Direkt vor dem Bügelbrett
Und am Zollhafen

Verkaufen sie die Flächen

J.H., schreiben mit Musik. Dabei kommt dann so etwas heraus.

Mount Laundry

Sogar die Schreibmaschine guckt blöde aus der Wäsche.

Selbst zum Verschreiben reicht ihr die Ausdauer nicht. Sie tippt insgeheim auf bessere Tage. Dann, wenn man zweifelsohne Frage wieder zur Arbeit geht, statt im Home-Office zu leben und zu wohnen und auf niemanden als den Postboten trifft, in der Hoffnung, dass er ein paar Worte zwischen Tür und Angel, mal eben schnell über die Tagesthemen, spricht. Mehr passiert uns auch wieder nicht. Die Wäsche legt sich derweil von selbst zusammen, so langweilig ist ihr bereits geworden, und während die Haut Falten wirft, die mit Bügelstärke nicht zu glätten sind, und das Haar grau sich färbt wie ein Elefant in keinem Porzellanladen (denn die sind zu!), schmeißt das Lieblingskleid sich in geschälte Apfelsinenschalen: Sie gönnt sich ja sonst nichts!

Und die Schreibmaschine, sie hält fest: Manches dieser Tage
ist für den Menschen einfach Mist.

J.H., 25. Januar 2021. Als ich vor fünf vollen Wäschekörben hockte und mich lieber für das Arbeitszimmer entschied.

Die Rechnung meiner Gedanken

Meine Gedanken sind hinter alarminstallierten staatlich subventionierten Stahltüren versteckt. Idyllisch war es hier noch nie. Dafür sicherer und wärmer als in dem Bauernhaus nebenan und ein winziges bisschen schöner als in dem 60er-Jahre-Betonblock gegenüber, vor dem nichts weiter zu sehen ist als Steingarten über Keingarten und dem verwitterten Spielplatzschaukelschild, das vor der Rutsche baumelt wie vom Hals abgerissene Köpfe an Halloween (und von der im vergangenen Sommer noch Kinderlachen ausging, das mit der Rekordhitze um die *Wette*r stritt): »Wegen Corona betreten verboten«. Dort sind die Möglichkeiten auf lineare Gedankengleichungen doch eher beschränkt. (Nach x auflösen, funktioniert meiner Meinung nach ohnehin nur, wenn auf der linken Seite derselbe Wert wie auf der rechten Seite steht.) Doch dort erwartet uns nur dieselbe Aufgabe wie auch zu Anfang des Jahres 2020:

+ alleinerziehend mit drei Kindern (positiv)
+ Halbtagsputzer im Gewerbegebiet (Applaus!)
- Kindergartennotbetreuung (negativ)
+ Nettoeinkommen: 850,- (kein 13. Gehalt = keine gute Partie)
- Kaltmiete: 500,- (Heizung abgedreht)
- schwerkranke Mutter (minus Mütterrente)

Die Pandemie rechnet mit Wahrscheinlichkeiten: Sicher sind wir nie und nirgends und auflösen können wir uns auch nicht. Und während ich mich um mich und meine Sicherheit sorge (viel zu viel Egoismus), gehen Gedanken andernorts auf Reisen (ohne Flug und Zug) wie Herzen aus Lebkuchenrezepten für die Feiertage. Mit sechs glücklichen Kinderaugen, fleißigverschmierten Händen, die anschließend Teigschüsseln auslöffeln, werden Apfelzimtplätzchen gebacken und Wangen zu Pausbäckchen. Marzipanhaube + Nusskrokant + Butterkokosflocken. Zum Be**DankeDankeDanke**n.

Vorgestern half ich mit Milch und Eiern aus. Die Realität gleicht wieder einer Wüste. Die gähnend leeren Regale von REWE ebenfalls.

J.H., 16. Dezember 2020. Kind links, Tipphand auf Tastatur rechts + Genickstarre. Die Gedanken meines lyrischen Ichs sind frei, aber sie rechnen sich nicht und er mit allem.

Netflix – netflixer – am netflixesten
werden die Tage.

Jogginghosiger und
kühlschränkiger.
Die Liste der prokrastinierten
Dinge wird länger und krakeliger.
Das Arbeitszimmer wird gemieden.

M.B., Januar 2021. Nachdem ich einen Zeitungsartikel über Netflix und seinen Profit in während der Corona-Krise las.

Wir treffen statt uns
die Entscheidungen,
uns nicht zu treffen.
Buchstaben statt Umarmungen →
gesund statt krank.

Übersetze uns ins Menschliche,
bitten die Gefühle. Deswegen
greift die Dichterin zum
Stift und schreibt.

M.B., 13. Januar 2021. Dichter sind die Übersetzer der Gefühlssprache! Zwei frühere Entwürfe in einem Gedicht vereint.

Die Dichterin

Sie richtet sich nach dem reinen Reim
Sie ist eine wortgewandte Frau
Sie freut sich im Geheimen
(Stiehlt sich weg von Mann und Kind)
Weil sie gut mit Worten kann
(Die wollen manchmal schnell zu ihr)
Sie frühstückt morgens ihre Teilchen
Tunkt die Zuckerstücke in den Tee
Die Dichterin wartet stets ein Weilchen
Viel rührt sie herum in Tassen –
Wenig entschlüpft ihr an Idee
Nichts will ihr heute recht gelingen
(Immerhin sitzt sie im Büro, ihr
Spitzenhöschen auch). Doch steht sie
In Schlangen mit sich selbst und die
Spatzen pfeifen von den Dächern, erste
Schritte sind im Schnee gemacht
»Die Kunst wird ihr kein Brot je bringen«
Spotten keck die dummen Ochsen
Die Dichterin bekommt aufs Neue keinen Mut gemacht
Und weiß genau, was sie jetzt will und
Kann und wird. Sie reimt verkopft, versucht zu timen:
»Es ist meine Liebe zu den Reimen, nicht zu einem Mann«
Und ihre Hoffnung wagt zu keimen:
»Stark sind die, die bleiben«, schreibt sie nieder
(Damit sind die richtigen Worte, nicht die Männer gemeint)
Und vor den Türen herrscht die Pandemie, nicht das
Patriarchat.

J.H., 15. Dezember 2020. »Nur, wenn ich schreiben kann, bin ich eine ganze Frau«, habe ich mal gesagt. Daraus entstand 2014 ein Gedicht, das hier für unser Buch in eine neue Form gegossen wurde.

M.B., 15. Februar 2021. Manchmal hat man das Gefühl, man sitze auf einem Buchstabenhaufen und kann doch keine Worte zusammenkriegen. Heute endlich unsere gemeinsame Idee mit Jenny visualisiert. Wer errät das große Wort?

A bends
U m acht, ein sicheres Mittel gegen die
S chlaflosigkeit – der Spazier-
G ang an der frischen Luft
A us dem aktuellen Anlass
N icht möglich.
G rau sind die Katzen nachts draußen,
S chwarz fast; in diesen Nächten wirklich nur
S ie und keine Menschen. Müde
P oeten dokumentieren die seltsamen
E reignisse, deren Zeugen sie sind, in
R eimform oder in freien
R hythmen für eigene und fremde
E nkelkinder.

M.B., in Baden-Württemberg galt ab 20:00 Uhr die Ausgangssperre. Am 18. Dezember 2020, als der Abendspaziergang daran scheiterte.

Silbenbett

Bei einer Flasche Wein
Bette ich Gedanken ein
Übermüdet lege ich sie zu
Den Silben, aufgespießt
An Schaschlikstäben
Auf ein weißes Blatt
Papier. Ein wenig bluten
Sie noch nach. Vielleicht
Müssen ein paar von ihnen
Beatmet werden. Ich fror
Sie damals ein im März und hatte
Gehofft, sie so schnell nicht noch
Einmal zu gebrauchen:

Wieder können wir zu Hause
Bleiben und ich darf schreiben
Bis ich schweige

J.H., 16. Dezember 2020, 22:39 Uhr: Zu Hause in Ruhe am Schreibtisch. Ich allein und ganz für mich. Nur »Der Grüne Tee«, Ben & Jerry's und ich.

Das Alphabet ist krank.

Die Buchstaben bilden traurige Worte
oder gar keine. Auf der Suche nach neuen
Synonymen entlaufen sie den Mündern,
verlaufen sich täglich, suchen ihr Zuhause.
Wollen 1,5 Leerzeichen zu ihren Nachbarn.

Auch hier ist die Normalität
ein Ausnahmezustand.
Doch das Z wie »zu Ende« lässt noch auf sich warten.

***

Und ziemlich am Anfang hustet und blutet
das große C, der Auslöser,
der wunde Punkt im Alphabet.

M.B., Januar 2021. Am Küchentisch in der Wohnung meiner Eltern, als die Welt schlief und die Buchstaben ins Gedicht wollten.

im arbeitszimmer
in unregelmäßigen abständen:
das geräusch des zusammengeknüllten papiers,
wenn ein gedicht wieder nicht gefallen hat.

nicht jedes wort ist für fremde augen bestimmt.
nicht jedes wort darf bleiben.

M.B., ebenfalls eines Nachts im Januar 2021, allerdings bei mir zu Hause. Zugegeben, ich produziere beim Schreiben keine solchen Geräusche, eher die Durchstreichgeräusche, denn ich schreibe in mein schönes Notizbuch und reiße keine Seiten aus. Aber meine Poeten-Kollegin hat mir erzählt, sie schreibe auf die verschiedensten Zettel. Vielleicht also bei ihr? ;)

SONNENWIND*

Die Stille mag sich lichten
Indes taumelt der Ruhe
Sanfter letzten Schein

Erhebt sich aus der Tiefe
Meine Silhouette
Müde vom Alleinesein

Zeigt sich erkenntlich
Mein langer Weg
Zum Seelenheim

Anfang und Ende miteinander
Verwoben des Windes
Flatterhaften Fadenschein

Am Firmament glänzt einsam hell
Was aus mir von innen schreit
Umher getriebenen - doch -

Für immer Mein

**»Unser nächster Stern hat auch gefährliche Seiten. Die Sonne schleudert pausenlos Materie ins All – auch in Richtung Erde. Wächst dieser Sonnenwind zum Sturm, kann das für die moderne Zivilisation ernsthafte Folgen haben. Neben Photonen, also Lichtteilchen, sendet die Sonne nämlich auch geladene Teilchen aus - den Sonnenwind. In der obersten und heißesten Sonnenschicht, der Corona, heizen sich die Partikel derart stark auf, dass sie die Gravitation des Sterns überwinden können.«*

(Felix Spanier. Aus seinem Artikel »Der Einfluss des Sonnenwinds auf die Erde«, sehr lesenswert! https://www.weltderphysik.de/gebiet/erde/erde/sonnenwind)

J.H., im Juli 2014. Ein ewigtobender Sonnenwind. Synonym für die Arbeit an sich selbst. Wenn ein altes Gedicht im Heute seinen Platz findet, weil ein Gedicht nie fertig ist und man selbst nie ausgelernt hat. Deswegen: Arbeitszimmer.

Weiß Du, wie Erinnerungen entstehen?

Tage
ziehen sich
wie *K a u g u m m i*
heißt es umgangssprachlich.
Doch der Kaugummi ist gänzlich
ein Fastnachts-Witz dagegen: Er wird
gerissen, zum Lachen ist er wahrlich nicht!
Die Stunden vergehen zäh, wenn man alt wird
und alt wird man nur zu Hause. Nur zu Hause alt
man wird. Wegen der Routinen und des Stresses
und den Erste-Male-Dingen, die er, sie und es
da drinnen nicht mehr machen. Stimmt's???
Dabei ist die Zeit doch die Summe der
Erinnerungen. C. nimmt uns alles
und nichts. Ein Tag im einst
Open-BAIRlin fühlt sich
gleich länger an als
einer auf der
heimischen
Couch.
Die Zeiger der
Uhr, sie zerh a c k e n die
Stille. Zeit verrinnt während des Zähneputzens
ganz bestimmt und irgendwo knabbert jemand
reichlich versorgt und ordentlich, ganz zukunfts-
strotzend ein geschmackloser K a u
g u m
m i

J.H., 25. Januar 2021. Die einen wissen alles mit sich anzufangen, die anderen nichts. Corona fordert uns zur Kreativität heraus, doch nicht jeder Tag gelingt.

Gästezimmer

»Man erzählt sich, dass die Menschen jetzt leeren Vasen gleichen…«

Stell dir vor, es wäre Corona und alle akzeptierten es.
Der Dezember kam und die Menschen blieben zu Hause.

Alle? Nein, nicht alle. Zwei Dichterinnen schufen sich nicht nur ein literarisches Zuhause aus Papier und Worten, sie formulierten sich auch in die Herzen ihrer dichtenden Kolleg:innen und luden sie ein, ihre Gäst:innen zu werden und sie in ihrem papiernen Zuhause zu besuchen. Kein Wunder, dass diese sich nicht lange bitten ließen und die Invitation prompt annahmen: Schließlich handelte es sich um eine völlig coronakonforme Einladung!

»Trinkst du deinen Kaffee bei Tisch?
Oder darf ich ihn dir morgen früh ans Bett bringen?«

Auch wenn wir es fast vergessen zu haben scheinen: Gäste sind laut Hemingway wie Fische. Wir sagen, sie sind vor allem wie die Idee von Meerjungfrauen und -männer: äußerst selten geworden, um nicht zu sagen: ausgestorben. Spätestens, wenn man sich jetzt in Gedanken ruft, wie es einmal war, wenn sich Besuch ankündigte, beginnt man doch schon damit, Frühlingsboten in fast verlassenen Räumen zu platzieren und aufgeschüttelte Kopfkissen mit Minischokolade zu bestücken. Spätestens mit frischem Wind im Haus wird es Zeit, die Wohnung wieder einmal gut durchzulüften und sich an einem von Omas Kuchenrezepten zu probieren, wegen der Heimeligkeit, und niemand denkt mehr an den schnellen Tiefkühltruhen-Trick 17, den man einfach hervorzaubert: »Wenn mal Gäste kommen…« Das Gefühl, Gäst:innen eine angenehme Atmosphäre in den eigenen vier Wänden zu bereiten, besonders jetzt in diesen Zeiten, das eigene Zuhause

zum Zuhause eines anderen zu machen, ist unbezahlbar. Ganz im Sinne von: Mi casa e su casa. Es ist ein beliebtes Gesprächsthema geworden und gleicht einer kompetitiven Disziplin: Wo quartiert man sich zuerst ein, nach Corona? Und wer wird die/der Erste sein?
Aber will man auch, dass sich jede/r kompromisslos »wie zu Hause« fühlt? Das müssen wir an dieser Stelle nicht klären, es genügt als Gedankenspiel, aber in unserem Gästezimmer ist alles möglich und unsere Gäst:innen haben auch zu Dreizehnt allen Platz der lyrischen Welt. Die Jogginghosen jedenfalls haben sie hoffentlich sicherheitshalber eingepackt. Wir haben die Laken unserer Gästebettseiten frisch und cremeweiß bezogen, auf dass es sich nach Herzens- und Sehnsuchtslust auf ihnen buchstabieren lässt.

Herzlich willkommen, liebe Gastdichter:innen!

Jetzt haben wir alle Zeit der Welt,
aber keine Welt mehr in der Zeit.

Cem Yilmaz, @nur_ein_poet

4. April 2020. Sitze zu Hause, schaue aus dem Fenster und mache mir Sorgen. Wiederhole immer wieder diesen Satz in meinen Gedanken, bis ich ihn irgendwann aufschreibe.

Scrolle durch Bilder und hoffe,
dass mir die Erinnerung an dein Lächeln das
Fernweh nimmt.
Und dass ich nicht so einsam aussehe wie
meine in die Haare geflochtenen

S c h n ü r s e n k e l.

Marie Döling, @write_in_pieces
20. Februar 2021. Als das Vermissen mich vom Frühjahrsputz abgehalten hat.

2041

Man erzählt sich, dass es einst große Häuser gab,
in denen sich hunderte von Menschen
gleichzeitig zum Tanzen trafen.
Das fand wohl meistens nachts statt,
aber ich habe recherchiert.
Hier in meiner Heimatstadt blieben die Menschen
sogar tagelang zusammen dort.

Man erzählt sich,
dass es viele Überlebende aus dieser Zeit gibt,
in der sich hunderte Menschen
gleichzeitig zum Tanzen trafen.
Das wird wohl meistens anders dargestellt,
aber ich habe recherchiert.
Hier in meiner Heimatstadt haben die Menschen
jedoch nie Bilder davon gemacht.

Man erzählt sich,
dass diese Menschen jetzt leeren Vasen gleichen,
obwohl sie sich früher mit hunderten Blüten geschmückt
zum Tanzen trafen.
Sie werden mit leeren Vasen verglichen.
Aber ich habe recherchiert.
Hier in meiner Heimatstadt.
Deren Straßen aus Millionen bunten Scherben bestehen.

Anna Maria Lipinski, @annamarialipinski

30. Januar 2021. Dieses Gedicht entstand, nachdem mich M. und J. in ihr Gästezimmer eingeladen hatten und ich wohl zum ersten Mal das Ausmaß dieser Sorge für mich greifbar machen konnte. Mögen die wildträumenden Sträuße meines bunten B.s bald wieder den Weg in ihre Vasen finden.

Wir müssen leider drinnen bleiben

Ich wünschte, dass deine Fingerspitzen
meine Träume berühren könnten
und dass die Berge, die mir im Weg
stehen, unter deinem Lächeln zerbröseln.
Dein Augenaufschlag ist ein Ass und
zieht unseren Platz gleich mit glatt,
was überhaupt nicht unsportlich ist.
Aber: Viele Jahre Warterei haben
mir gezeigt, dass nichts reinkommt,
was draußen ist.

Kevin Prox, @leichtlaufrad

Schnellgedanke. Powered by Rotwein und Radiohead (die hier gerade nebenbei laufen)! Aufgeschrieben und auf Instagram geteilt.

Wenn ich gerade jetzt Bücher lese

bin ich froh
dass dort das Lieben
passiert
welches ich nicht leben kann
Geschichten so
verrückt
verzweifelt
vergessen
so voller Sehnen
dass es auch für mich reicht
und ich nicht aufhören muss
zu hoffen
dich irgendwann
doch noch (in einer besseren Geschichte)
zu lieben

Ines Schmidt, @miastaet

Die Inspiration zum Gedicht hatte ich Montag, 1. Februar 2021 vormittags beim Putzen mit AirPods (und einem Hörbuch) im Ohr. Also hab ich es gleich ins Handy getippt.

Herzensmelodie

Ich wache morgens auf in diesem Zimmer,
es ist alles so wie immer.
Es scheint zumindest so zu sein,
doch irgendwie fühl ich mich allein.

Meine vier Wände scheinen plötzlich
einen riesigen Raum zu umfassen
und ich mittendrin fühl mich ziemlich klein und verlassen.
Um mich sind meine Bücher, ich kenne all ihre Geschichten,
da sind Lampen, die ihr Licht auf mich richten.

Auch die Sonnenstrahlen durchs Fenster funkeln mir zu,
ich finde heute einfach keine Freude an dem, was ich tu.
Ich drücke diese Taste und der erste Ton erklingt,
da ist auf einmal eine Wärme, die mich umringt.

Die Musik ist laut und der Rhythmus lockert etwas in mir,
plötzlich ist Gefühl in diesem Raum hier.
Ich spüre, wie meine Füße sich dem Takt hingeben,
ich fühle mein Herz erwachen und letztlich wieder beben.

Meine Mundwinkel formen ein Lächeln und
meine Augen stimmen mit Funkeln dazu ein,
kann es wirklich die Musik sein?
Ist es diese Melodie, die mir Kraft schenkt und
mich von all dem Wahnsinn ablenkt?

Haucht mit tatsächlich ein Lied neue Lebenskraft ein?
Können ein paar Zeilen so heilend sein?

Lisa Hörting, @poesievonlisa

8. Februar 2021, als ich mich in meinen vier Wänden einsam fühlte und Musik mein Herz berührte und mir Lebenskraft schenkte.

REISE ZU MIR SELBST

Eines Tages heimlich ausgewandert
aus dem siegessicheren All-
tag, hinein in großes
klaffendes Ungewiss.

Ob ich so glücklich bin
fragte ich mich
und konnte mein Glück
doch zu nichts in Beziehung setzen.

Der neue All-
tag verwirrte mich
aber das All, das küsste mich
und ich ließ es zu.

Da stand ich nun klopfenden Herzens
und nichts war vertraut.
Selbst mein Spiegelbild
gab lediglich den Blick frei
auf eine fremde
gänzlich unbekannte Welt.

So machte ich mich auf
mein Innerstes zu erkunden
begrüßte die Ungewissheit
und mein neues Ich
mit offenen Armen.

Marie Franz, @marie_goldblattverlag

Dieses Gedicht ist in einem Moment entstanden, in dem ich auf mich selbst zurückgeworfen war. Und irgendwie dachte: Hier gefällt es mir ganz gut. Hier bleibe ich erstmal.

HERZVERSTECK

hier ist mein zimmer.
wenn du willst, kannst du darin alles sehen:
von mir gestern, heute, immer
könnt sich für dich so manches drehen.
wenn du magst, nimm irgendwo platz.
schieb lektüre + musik zur seite.
du, möchtest du n kaffee, eine tasse tee ...?
ja, alles, was du brauchst, findest du inner weile.
fangen wir links von dir an:
das ist miles, den lieb ich total.
wenn seine töne dir ein bett bauen
+ alles treibt... flamenco sketches, genial.
wenn du dann geradeaus siehst,
sind das alles bücher, die ich schon lange hab.
jedes wort ging durch meine augen zu mir,
& manche zeile, ja, wars, die mich traf ---
(verzeih, wenn ich grad so stille schau...)
komm, lass uns weitersehen. hier rechts
ist in vielen stunden mein lieblingsherzversteck.
hier isses, wo ich in meinen träumen lebe
+ all dem auf papier eine stimme gebe
hier isses, wo du mich finden kannst
immer + immer wieder,
wenns sich anfühlt, als käme ein wort
aus mir zum allersten mal nieder
& du, ich weiß, du kannst das verstehen
du hast wie ich gelernt vom regen
du hast wie ich gelernt, wieder zu sehen,

dass stillstand auch eine art sein kann von gehen
ich weiß, du kannst das verstehen
ich weiß, du kannst das verstehen

Ben Kretlow, @benkretlow

31. Januar 2021/03. Februar 2021. Als ich anfing, mir in meinen Zimmern wirklich selbst wieder zu begegnen und mich auf die eigene Stimme und das eigene Bewusstsein zu besinnen, um anderen eines Tages wieder ein aufmerksamer Gastgeber und Freund in der echten Begegnung zu sein, von Angesicht zu Angesicht.

- Alles Okay ... -

Heute ist die Müdigkeit
wieder mit mir aufgestanden,
steht barfuß im Bad dicht neben mir
und schaut mir im Spiegel
aus kleinen Augen entgegen.

Auch die Sorge ist wieder da und
zieht mir tiefe Falten ins Gesicht,
dreht in meinem Kopf laut
Extrarunden im Karussell.
Runde um Runde,
den Schwindel im Gepäck.

Ich stütz' mich ab und
setz mich auf den Badewannenrand,
schließ' die Augen und
die Welt aus.
Atme tief ein …
und l a n g s a m wieder aus.

Wie eine viel zu große Jacke
legt sich die Schwere
auf meine Schultern und
drückt mich nach unten
ins Bodenlose.

Währenddessen zieht lautlos
die Traurigkeit in meine Brust ein,
macht das Atmen schwerer und
ebnet der Angst den Weg
in mein Herz.

Ich öffne die Augen und
sehe der Einsamkeit entgegen.
»Ich weiß, wie es dir geht«,
flüstert sie und nimmt meine Hand.
Wärme fängt mich tröstend auf.

»Es ist okay, sich müde zu fühlen, leer und schwer.
Vielleicht auch verzweifelt und allein.
Du musst niemand anders sein,
aus Angst, zur Last zu fallen.
Sei ehrlich - vor allem zu dir.«

Meine Welt löst sich in Tränen auf,
und die Einsamkeit hält meine Hand.
Und endlich trau' ich mich auszusprechen,
was ich schon so lange fühl':
»Mir geht's nicht gut.«

Ich wache auf und vertreibe die Dunkelheit
mit dem Licht der Nachttischlampe,
meine Seele ein aufgewühltes Meer.
Auf der anderen Seite des Bettes
blinzelst du den Schlaf aus deinen Augen.
Besorgt schaust du mich an.

»Alles okay?«
Zwei Worte und mein Herz wird schwer,
b r i c h t –
und mit ihm der Staudamm,
den ich über die letzten Wochen hinweg
mühsam errichtet hab'.
Ich denk‘ an meinen Traum, die Einsamkeit, und
schüttele den Kopf.

Tränen schwemmen mein »Alles okay« hinfort,
dabei sollt‘ es mir doch gut gehen.
Ich hab‘ so viel zum Dankbarsein,
und dennoch ist mir alles zu viel.

Liebevoll ziehst du mich in die Arme,
hältst mich ganz fest.
»Es ist okay.«
Drei Worte, in die Stille gewispert,
immer und immer wieder,
beruhigen mein aufgewühltes Herz
und helfen mir anzunehmen,
was ich bisher nicht annehmen wollte.

Ich schließe die Augen und
suche tief in mir, so lange,
bis ich sie gefunden habe:
die Einsamkeit, die Angst, die Sorge,
die Traurigkeit und die Schwere.

Sie gehören zu mir.
Ich darf mich so fühlen.
Es ist okay,
die eigenen Gefühle wichtig zu nehmen,
nach Hilfe zu fragen und anzunehmen,
nicht alles mit sich selbst auszumachen.

Und während du mich festhältst,
umarme ich all die Gefühle in mir,
lasse es zu, zu fallen,
um wieder aufstehen zu können.
Es ist okay.

I c h bin okay.

Lea Zander, @zzimtherbst.autorin

10. Februar 2021. Als ich in unserer Wohnung die Einsamkeit, die Angst, die Sorge, die Traurigkeit und die Schwere umarmte und darin Trost fand.

Nächtlicher Dialog

ich erzähle dir
von meinem Tag
und frage dich
nach deinem

wenn wir dann
das Dickicht des Alltags
hinter uns gelassen haben
schaue ich
in deine tiefen Augen
um ein wenig
mit dir zu schweigen

im Meer dieser Stille
erwächst aus meinem offenen Herzen
eine Insel

es ist der verborgene Ort
meiner Sehnsüchte und Ängste

wenn auch du bereit
und offenen Herzens bist
dann sei meine Gefährtin
und lass uns eine Traumreise
durch die Erinnerungen
und Hoffnungen wagen

wenn dann der Morgen anbricht
und der Traum verfliegt
dann wirst du - für immer -
einen Platz in meinem Herzen haben

Michael Apel, @michael.apel
Im Sommer 2019, nach einer freundschaftlichen Begegnung.

Stille

Stille
dich sehne ich herbei
dich bete ich insgeheim
an

leise bist du
ganz leise
unsichtbar
kaum hörbar
doch hin und wieder
bist du da

so manchen Menschen
erscheinst du
unaushaltbar
drum versucht er
dich zu stören
dich nicht zu hören

dabei bist du so schön und heilsam
wenn man dich begreift
dich zulässt
statt dich wegzudrängen
statt zu versuchen von dir wegzurennen
und in die laute welt zu fliehen
die vor lauter Lauten
die Stille verkennt.

Rike Sauer, @rike_sauer

Es war abends und superstill. Ich hatte einen lauten, anstrengenden und reizüberfluteten Tag hinter mir. Da wurde mir bewusst, dass Stille und Achtsamkeit etwas Besonderes in unserer heutigen Zeit sind, was wir aber nicht zu jeder Zeit gut aushalten können.

Küchengespräche

Weißt du
was mir fehlt
in diesen langen
Lockdownnächten?
Unsere Küchengespräche.
Lebensanekdoten sprießen
pusteblumenartig
und verwandeln
den ganzen Tisch
rundherum in die
freundlichste Blumenwiese.

Marc Schalon, @gedichtedad

Der Gedanke hierzu kam mir am 5. Februar 2021 nach einem Zoommeeting mit Freunden, in dem u.a. alte Partygeschichten die Runde machten.

Schmetterlingshaft
Entpuppt
Mich
Der Lockdown
Dem Kokon
Der Gesellschaft
Bin ich seitdem
Weniger im Außen
Und mehr bei mir
Selbst.

Susanna Wenzel, @getrocknete.tinte

27. Februar 2021. Ins Tagebuch geschrieben, als ich nirgendwo hinging und trotzdem bei mir ankam.

Innere Räume

»Wenn du nur wüsstest,
was unter meiner Haut passiert...«

WIR LADEN DICH EIN, ab hier unsere inneren Räume zu betreten. Bitte sieh dich vorsichtig um. Fasse nach Möglichkeit nichts an, aber lass dich umso mehr (be)rühren.

Manchmal sind die Dichterinnen selbst das Gedicht, doch meistens sind sie es nicht. Mehr Kunst und Poesie, sogar Therapie. Für den eigenen Körper und Geist. Wo kämen wir denn hin, wenn das lyrische Ich nicht lediglich ein Teil des Menschen wäre, der über es schreibt, so wie Natur ein Teil der Erde und die Menschheit und Tiere ein Teil der Natur sind.

Man sagt, wir können nur
Einen anderen Menschen lieben
Wenn wir vor allem uns
Selbst lieben
Ist es dann auch möglich, die
Inneren Räume unseres Körpers zu verschönern
Um es im Außen mit Mutter Erde zu tun?

Wenn es wahr ist, will ich auf der Stelle
Innenausstatterin werden

J.H., 22. Februar 2021. Eines Morgens noch im Bett liegend ins Handy getippt durch einen inspirierenden Post auf Instagram am Vortag von @poet_rica.

Ich tapeziere
meine inneren Wände neu:

Es heißt:
Die Schönheit kommt
von innen.

M.B., Ende Dezember 2020. Morgens nach dem Aufwachen.
Mit diesem Gedanken kam die Idee für dieses Kapitel.

Behutsam verband ich
meine Wunden und legte
sie für ein paar Jahre in
die Icebox.
Dort warteten auch die
Himbeeren und Trauben
auf bessere Tage.

J.H., 12. Juni 2020. Inspiriert von William Carlos Williams, Dinggedicht, »This is just to say«.

Ein Rendez-vous mit mir
Daheim - was kann denn
Noch schöner sein?
Heimat ist nicht nur ein Wort
Zuhause nicht bloß ein Ort

Gehaischnis

Das ist ein Gefühl

J.H., 23. Juni 2020. Ein Beitrag zur Schreibaufgabe von #Phoebeslyrikbox auf Instagram. Hunsrück, meine Heimat.

Heimat und Zuhause sind
keine Frage von Herkunft
Sie sind eine Frage von Frieden

J.H., ein immerwährender zeitloser Wunsch.

SIE HABEN GESAGT

I

hör mit den ohren,
haben sie gesagt.
und *sie* hörte mit dem mund:
indem *sie* unnötige worte schwieg
und raum für fremde schuf.

II

sieh mit den augen,
haben sie gesagt.
und *sie* schloss die lider
und sah und fühlte mit ihrem bauch.
denn nicht alles sichtbare ist fühlbar.
nicht alles fühlbare ist sichtbar.

III

beschütze dein herz,
haben sie gesagt. denn jeder
kann es angreifen. verstecke es
hinter tausenden schutzschilden. und *sie*
öffnete ihr liebendes organ für die welt und nahm,
was ihr das schicksal gab
mit dankbarkeit.

hörte. sah. fühlte. akzeptierte.
und fand sich selbst.
während andere noch
weiter suchten.

M.B., Ende November 2020. Inspiriert von einem Bild der Instagram-Künstlerin Ayla @ayla.phoenix.art.

Für die Angst kein Zutritt

(Für Mica Bara)

Und wieder sind wir zu dritt
in einem Raum:
du und ich und dann noch dieser graue
Fleck zwischen uns – die Wahrheit.

Doch ich lege den bunten Pinsel
beiseite, werde sie diesmal nicht
übermalen. Ich
akzeptiere sie.

Und wenn die Angst mir wieder
in den Bauch beißt, weiß ich jetzt,
wie ich ihr das nächste Mal
NEIN sage:

In meinem Körper findet sie kein Zuhause,
nicht mal eine Übernachtungsmöglichkeit.

*M.B., 11. November 2019. Ergänzt und überarbeitet
am 20. Februar 2020. Ich schrieb es für
Mica Bara @mica_bara_flawlessmess,
als ich ihr Buch »Von Wahrheit zu Wahrheit« las.*

Paradox

Leicht wie eine Feder,
kann die Hoffnung dennoch
ein Anker sein.

M.B., Februar 2021. Ein Gedanke zwischen zwei Gedichtentwürfen.

Unzählige Male bin ich
umgezogen, suchte und
suchte es: mein Zuhause.
Und immer fehlte etwas.
Bis ich verstand:

Nicht die Räume waren falsch,
sondern die Blickrichtung –
nach außen statt nach innen.

M.B., 1. Februar 2021. Den Blick nach innen richtend, fühlend.
Ja. Hier ist mein Zuhause. Hier fühle ich mich wohl.

Die vier Wände
Vergessen nichts. Doch wir
Vergessen alles

Weil wir immer noch hier
Sein wollen. Du und ich
Wir finden ein
Hier und Jetzt
Im U N S

J.H., 29. Dezember 2020. So schwierig es auch manchmal ist, wir haben uns fürs WIR entschieden. Im Guten wie im Lockdown.

Ein Zuhause

Schenkst du mir
Mit der Aussicht
Für immer
Es trägt uns
Über
Schwere Stunden
Hin, zu besseren
Tagen
Unser Zuhause, es
Trägt
Laute Narben
Und du
Flüsterst weiter

Meinen Namen

J.H., 29. Dezember 2021. Wir haben alles, was wir brauchen.
Danke, Ch.

Wenn eine Zeit zu Ende geht
Denk ich so bei mir, dass
Die Zukunft offene Arme hat
Und die Hände ballt zu einer
Faust
Sie klopft ganz zaghaft
Mit Bedacht
An eine neue schöne Tür

Vorüber ist nur das, was im
Herzen
Keinen Platz mehr hat

J.H., geschrieben 2013. Endlich hat dieses Gedicht ein poetisches Zuhause gefunden. Und ich bedanke mich für alle Berührungspunkte, die dieses Gedicht seitdem genommen hat.

Ich, du, wir an (m)einem Ort

Die Uhr hat längst drei geschlagen und wir beide wissen:
Die Zeiten, sie sind kostbar und zerbrechlich wie eine
Lieblingsvase. Deshalb servieren sie uns im besten Falle
Einen Ort, an dem wir uns selbst am nächsten sein
Können. Wir bestellen Geschenke beim örtlichen Künstler
Und asiatisches Essen von Lieferando (man sagt, die Jugend
Habe sich die Jacken bei dieser Firma für eine Menge Geld im
Internet bestellt, auf diese Weise das Ausgehverbot zu
Umgehen)
All die Ungereimtheiten dieser Tage füllen Fremde
Nicht in Porzellanschüsseln ab, man lässt sie
Gleich in Plastikschalen. Warum auch nicht?
Es kommt ja niemand zu Besuch. Den Schein zu wahren, ist
Längst zum Antialltag geworden
Wenigstens fügen sie Glückskekse und
Probiergrößen Mousse au Chocolat zu jeder Bestellung
Hinzu. Natürlich wie immer viel zu wenig. Dafür eine
Großartig-kleine Aufmerksamkeit in diesen Zeiten
Immerhin. Keine Sorge, Wermutstropfen sind auch
Entstanden. Verdecken wir jedoch mutig, manchmal
Widerwillig hinter Mund und Nasengeschützen. Die
Nachbarn teilen sich ein Schälchen Mandarinen unterdessen
Frisch Desinfiziert duften sie handwarm am besten, am besten
Essen, bevor sie den Besitzer wechseln. Menschen stehen an
Geöffneten Fensterläden und besuchen sich von draußen
Ohne ein “Herein”
(Die Heizung bollert ihnen in den Schritt, damit es nicht zu
Ungemütlich wird). Außerdem geben die Menschen höllisch

Darauf Acht, nicht schon wieder alles kurz und klein zu
Reden. Stattdessen versiegeln sie
Wunden, Risse, Brüche auch, umranden sie mit Goldpaste
Und schreiben fleißig Lieder und Gedichte über »Kintsugi«*
(Weil das tiefe innere Meer nichts weiter als Auf- und
Absamkeit will (bevor man den ganzen Rest der Welt wieder
In Verschwörungen badet))
Und mitten in dem ganzen Durcheinander, schenkst du mir
Einen Ort, an dem wir bleiben können. Du gibst den Dingen
Neue Namen, die wir dann in unserem Inneren tragen, bis
Wir ein besseres Zuhause für unsere Schmerzen finden

Bis dahin sind wir sicher

J.H., 15. August 2020. Und mitten in der Pandemie bist du da, wie eh und je. Und aus unseren Herzen wachsen Blumen.

*Kintsugi ist eine japanische Reparaturmethode, bei der zu Bruch gegangene Keramik und kaputtes Porzellan mittels Goldreparatur ein zweites Leben geschenkt wird. Es ist gleichzeitig eine Lebensweise, die besagt, dass erst Risse und Bruchstellen, die im Laufe eines Lebens erlitten werden, das Leben ausmachen. Daraus geht man gestärkter und »goldumrahmter« hervor.

Kintsugi

Am Anfang war das Wort,
das dich verletzte. Danach
kam deine Reaktion, die die Wunde
wachsen ließ. Ungefähr körpergroß.

Tröstende Worte suchst du bei mir,
sagst du, die ich dir nicht geben kann.
Denn wie du weißt, nicht alle Worte
können heilen.

Ich pinsele mein Schweigen
auf deine Narben. Man sagt,
Schweigen ist Gold.

M.B., 10. Januar 2021. Den faszinierenden Begriff »Kintsugi« hörte ich zum ersten Mal von meiner lieben Mitautorin, als wir an unserem ersten gemeinsamen Gedichtband »Führe mich zu deinen Lippen« gearbeitet haben. Und Monate später entstand dieses Gedicht, im Rahmen der Instagram-Challenge #phoebeslyrikbox.

Als Kind wollte sie Vogelzüchterin werden.
Jetzt ist sie groß und züchtet Ängste,
Und die Pandemie macht ihr das leicht.

– weil in ihrem Herzen die Liebe fehlt.

M.B., einen alten undatierten Entwurf entdeckt.

Doch aus heiterem Himmel sprang ihr
eine weitere Strophe zur Seite.
Die war auf der Suche nach einem
Gedicht. Sie ging in den Keller und
fand es nicht. Sie ging auf den
Dachboden und fand es nicht. Dann
hüpfte sie zu den Vögeln in die Wolken
und traf zum Glück auf dich.

*Ich hoffe, ich durfte mich mit meiner Strophe an dich
»heranlieben«. 4. Februar 2021, J.H.*

ÜBERWINTERN IN (D)EINER SCHUBLADE

Zugegeben: Für dein Universum
bin ich klein und meine Worte
leise. Und meinen Namen assoziierst du
mit einem anderen Gesicht.
Und wenn es in deinem Kopf
eine Schublade für mich gibt,
in der ich überwintern darf, dann ist das die
mit der Aufschrift „verherbstet“.

Dort liege ich neben der Farbe Gelb,
den abgefallenen Ahornblättern und
dem Wort »nein«. Ich zähle die wenigen
Herbstüberbleibsel, flechte mir einen
Wintermantel daraus. Mache es mir
bequem. Warte auf den Frühling
und auf die wärmebedingte
Änderung deiner Wahrnehmung.

Mein Mund ist geschlossen. Meine Finger geduldig.
Und zwischen »nein« und »ja« ist nur eine halbe
Ewigkeit und keine ganze. Bereit
für den Winterschlaf.

M.B., Dezember 2020. Die Gedichtidee ist mir auf dem Spielplatz gekommen. Ich musste mehrere Zeilen nach Hause im Kopf tragen, weil ich kein Notizbuch dabei hatte und kein Handy. Zu Hause aufgeschrieben und in den nächsten Tagen entstand die Endversion.

Wenn der Himmel nur wüsste,
was unter seinen Dächern passiert.

Wenn Du nur wüsstest, was
unter meiner (Herz)haut
passiert...

M.B. und J.H., am 6. Februar 2021 beim Zusammentragen, was zusammen gehört.

Du bist wohl ein Wortmagier. Denn wie sonst kann
ich mir die Wirkung deiner Worte erklären –
der Zauberworte, die mich derart schrumpfen ließen?
(Oder war das bloß die Schutzreaktion meines
Körpers, nach dem Motto: je kleiner die Angriffsfläche,
desto weniger Schaden? Gut möglich.) Klein
bin ich geworden. Und du automatisch groß. Keine Chance
auf die Sonne in deinem Schatten. Und dann
kam die Pandemie und wie soll ich nun
überleben, so klein, wie ich geworden bin?
Woher die Kraft finden?

Vielleicht aber
existiert ein Gegenstand nur solange
es einen Beobachter dafür gibt. Vielleicht
habe ich dann einen Plan: Ich entziehe
meine Aufmerksamkeit dem Kleinsein.
Richte sie auf seinen Antipol,
Werde Beobachterin

meines Wachstums. Wachse. wachse,
bis ich groß genug bin, um
Widerstand zu leisten.

Und überlebe. Weil ich auch klein
groß bin.

M.B., Januar/Februar 2021. Ein Gedicht, das wuchs und wuchs,
bis ich endlich wusste, was ich damit sagen will.

Wörter weg von meinem Körper,
sie hinterlassen Wortabdrücke:
breiter noch als Dehnungsstreifen,
tiefer noch als Schnittwunden,

verschmelzen mit meiner Haut,
werden zu schwarzen Nachthemden,
machen den Spiegel zum Feind,
binden mir Füße und Hände

und lassen mich wieder vergessen:
Wie ich bin, bin ich schön und vollkommen!
Und in jedem Kleid eine Prinzessin...
Wörter weg! Das ist mein Körper.

M.B., Juni 2018. Eine Lockdown-Erklärung für fremde unschöne Worte!

Bestehe ich aus Angst oder
sie aus mir und aus
der Summe meiner Teile?

M.B., Dezember 2020, eine alte Notiz gefunden.

Jetzt wird er unruhig. Noch schnell meinen Gedanken:

Gehen wir davon aus,
Der Mensch, er sei von Grund auf
Gütig und gut, dann geht es
Bei den Dingen, die
Er tut, nur (nichts ist nur) darum,
Menschmütig zu sein.

Wäre die Welt weniger Ordnungsamt
und mehr Zuhause?

J.H., 14. Januar 2021. WhatsApp-Unterhaltung, während mein Sohn mich »Ikigai - die japanische Lebenskunst« lesen ließ. Er, vor sich hin- und herswingend und ich in WhatsApp die Frage an meine liebe Mitautorin tippend. Wohl im Augenwinkel erkennend, wie er die zur Einschlafmelodie um die eigene Achse drehenden Waschbären zum ersten Mal aufmerksam beobachtete und den Tierchen sein Lächeln schenkte.

Winterherz

Zu Hause brennt der Ofen
Das Herz sticht Lethargie
Wenigstens Schnee

J.H., 31. Januar 2021. Schnee sticht Lethargie.

Globale Räume

»...vor lauter Zärtlichkeitsmangel
werden endlich auch die Bäume umarmt.«

ACHTUNG! Du betrittst hier die globalen Räume. Wir bitten dich, deinen Abfall bei dir zu behalten, solltest du welchen mitbringen. Entsorge ihn bitte achtsam, denn hier erwarten dich Gedichte für ein bisschen mehr Mensch-lichkeit und Gemeinsinn und weniger Egoismus, obwohl davon auch eine gehörige Portion sein muss, wie du gerade in den »Inneren Räumen« erfahren hast. Bei allem, was du tust, handele im Sinne unserer Erde, auf der wir leben und sterben.

Ich liebe die Natur, sagst du.
Doch einen Baum zu umarmen
reicht nicht, um das zu beweisen.

Lieben heißt vor allen Dingen
beschützen.

M.B., Ende Januar 2021. Inspiriert von unserem Sprachnachrichten-Wechsel mit R.S. Danke, liebe Freundin! Du machst mein Leben reicher!

Wir nennen sie Mutter, unsere Erde,
verhalten wir uns deswegen wie Kinder?
Unbekümmert, verantwortungslos,
in dem kindlichen Glauben, dass sie
immer für uns da sein wird.

Doch auch Mütter werden müde:

Aus Grün wird

grau,
braun,
rötlich.

Diese Bäume wollen nicht mehr wachsen,
diese Vögel wollen nicht mehr singen,
diese Flüsse wollen nicht mehr fließen

für diese Menschen, die vor ihren
Bildschirmen sitzen und schöne
Bilder sehen.

Während die Naturgötter allmählich beginnen,
zueinander zu beten.

M.B., Februar 2021. Die ersten zwei Zeilen haben mich nachts geweckt. Und brauchten mehrere Tage Reifezeit, um zu einem längeren Gedicht zu werden.

globale Räume – globale Entscheidungen
globale Fehler – globale Konsequenzen

globales Leiden

vielleicht
können wir besser?

M.B., 12. Februar 2021. Ich bin mir sicher: Wir können es.

Corona rettet die Umwelt doch nicht,
schreiben sie in den Nachrichten.
Aber der Schulwaldweg erholt sich
von den weggeworfenen Bäckertüten
und ausgerissenen Heftseiten.
Und für die neuen Arbeitswege
(Schlafzimmer – Arbeitszimmer und
zurück) werden keine Fahrzeuge benötigt
und keine Fahrkarten.

Die radikale Vierwändigkeit des
neuen Lebens lässt die Naturliebe
neu definieren und vor lauter
Zärtlichkeitsmangel werden
endlich auch die Bäume umarmt.

Immer mehr Menschen im
Bekanntschaftskreis machen
sich Gedanken über das nachhaltige
Leben, Zero Waste & Co. Reduzieren
ihren Fleischkonsum oder verzichten
ganz darauf (wie ich vor vier Jahren).
Sie bestellen ihre Waren bei den lokalen Händlern,
ihre Bücher in der örtlichen Buchhandlung statt
beim großen A. Die Wohnungen werden entschlackt.
Und ihre Kinder bekommen weniger Plastikspielzeug,
mehr selbstgemachte Puppen und Tiere
bewohnen nun ihre Zimmer.

Und Poet:innen kaufen ihre
Notizbücher aus Recyclingpapier
(so viel davon landet doch in der Papiertonne).

***

Die Menschen beginnen, anders zu fühlen.
Und aus dem Fühlen wird das Denken.
Und aus dem Denken wird das Handeln.

Und hoffentlich nicht zu spät.

M.B., 10. Februar 2021. Habe dieses Gedicht mehrere Tage im Kopf getragen und reifen lassen und nachts im Bett ins Handy eingetippt.

Ein Körper ist das Zuhause für die Seele.
Ein Haus ist das Zuhause für den Körper.
Die Erde ist das Zuhause für die Häuser.
Auch für die Häuser der Tiere, Vögel & Insekten.

Der Planet ist ein riesiges Mehrfamilienhaus
und wir alle sind Nachbarn.
Und jeder hat seinen Mietvertrag, also die gleichen Wohnrechte.

Und für jeden ist Platz.

M.B., 12. Februar 2021. Nachts, als ich die „globalen" Gedichte meiner Kollegin las.

Und ob wir das wollen oder nicht, sind
unsere Erde und wir ein Organismus.

Wenn wir uns heilen, heilt sie.
Wenn wir sie heilen, heilen wir.

M.B., Februar 2021. Eine nächtliche Eingebung, kurz vor dem Schlafengehen, nachdem ich Gedichte sortierte.

In Vergessenheit geraten

Schau genau hin: Es ist nicht die Erde, die
In Trümmern liegt
Du bist es zwischen all den
Systemen und Mechanismen, die sich als
Bewohnerin ihres eigenen Körpers vergessen
Hat. Nimm dir die Welt zur Brust und
Zieh dich an deinen Haaren aus dem
Morast der Vergangenheit empor!
Es ist die Zeit gekommen, sich selbst nichts
Mehr zu beweisen
Spüre, wie du als Meisterin, die du bist
Seit jeher, für dich und die, die sich um dich
Herum, in deine Nähe gesellt haben, erst einmal
Die Wunder wirkst, mit deren Intuition du bereits
Fertig ausgestattet immer gewesen bist
Geboren als Mondin, die Meere bewegt
Geformt aus Mutter Erde
Aus Wasser
Aus Leben
Und aus Licht
Die guten Mächte, sie wollen sich nicht messen
Es ist kein falsches Spiel, das hier betrieben wird
Retten wollen sie dich, du hast es bloß vergessen
Es herrscht kein Betrieb. Niemand ist Imperium

Wir alle sind bloß Teile

Du bist aus Wasser und auch Licht gemacht. Mit
Deinen Funken kannst du andere entfachen. Doch

Vorsicht: Da ist ein Unterschied zwischen tränken
Und unter Wasser setzen, erwärmen und
Nieder(b)rennen

Du bist die Göttin deiner selbst. Von (Aus)löschen
Und Ertrinken war nie die Rede

Vergiss es,
Vergiss es nicht

Ich bin eine einmalige Gelegenheit

Gez. das Leben und das Licht

J.H., 13. Februar 2021. Rupi Kaurs Gedichte erzeugen Wärme.

Kaum fand ich meinen Platz
Auf dieser Erde
Doch im Vorübergehen
Erwuchs ein neuer noch nicht
Eingetretener Weg und ich mit
Ihm zur Kriegerin
Der Himmel - mein einziger Zeuge -
Feuer
Wasser
Licht und
Luft
Die Helden

Eine Ähre macht noch lang
Kein Feld. Ein paar mehr
Doch eine ganze Welt

J.H., 9. Juni 2020. Während eines Spaziergangs auf dem Feldweg ohne Handy oder Notizzettel, den Gedanken der Ähre mit mir herumtragend, um ihn zu Hause endlich niederschreiben zu können.

Alles zu

In meinem
Herzen sieht es aus
Wie in Berlin und in Berlin, wie auf der ganzen Welt:

Viel los — Nichts los
Wenig sicher — Alles sicher
Alles möglich — Nichts unmöglich

Und während ich das schreibe, wünsche
Ich mir unsere Herzen ins Berghain zur
After-Lockdown-Party. Ich bin nämlich
noch nicht dort gewesen

Angeblich soll es nie mehr aufmachen

Gut, dass ich diese Feststellung gerade
Früh am Morgen auf dem Klo mache
Dort kann ich die Klopapier- und
WhatsApp-Gedanken und die sonstigen
Be- und Verstimmungen fix wegspülen

Alles offen

J.H., 9. Januar 2021. Mit Herzrasen und Kopfverstopfung.

Du schlugst ein wie ein Virus
Auf immer Wiedersehen
Prognosen hingen wildfrei in der Luft
Seitdem wurden schwere Operationen
An offenen Herzensangelegenheiten
Durchgeführt. Die Sorgen waren schnell
Hinter dem Ofen hervor gelockt und die
Sicherheit unter den Teppich gekehrt auf

Nimmerwieder...

»Lock them down!« schrie die halbe Menschheit

Die Überreste werden mittlerweile in die Zeitung –
Nicht in Staniolpapier (wegen der Meere) – von morgen
Eingewickelt, gebettet auf Schnee von gestern

»Gemeinsam sind wir mehr«, rufen die Viren und lachen sich
Ins Fäustchen

Während die Menschheit weint

J.H., im Februar 2021. Für die #Lockdownlyrik.

Und die Tagesthemen
Berichten über die Wirtschaft
Und die Welt daneben
Nur die Krise haut uns
Auf die Finger
Und erinnert uns
Sodannundwann
In welcher Zeit wir leben

Immerhin: Wir leben

J.H., 9. Dezember 2020. Ein Gedicht, das auf einem von 10 Blatt Klopapier landete und für 25,- das Stück als #KloPoesie für die wunderbare Aktion von @marambolage bei @das_letzte_seiner_art_2020 für einen guten Zweck (@deintopf) gespendet werden konnte.

Ausreichend fühlte ich die Leere
Die sich zunächst unscheinbar, dann aber
Merklich immer mehr mit einem Haarpinsel
Auf mir verteilte und mich kitzelte, während des
Skizzierens. Das war früher. Dann kam irgendwann
Eine Wandrolle die pechschwarz auf mir ritt
Und walzte und walzte, was meine inneren Wände
Hielten. Schwer und unausweichlich, denn Pech klebt in den
Ritzen. Ich wäre nicht die geworden, die ich bin
Nicht in Norwegen oder Kanada. Nicht ein Funke
Der Magie wäre übergesprungen, hätte ich meiner
Nicht selbst berührt und die dunkle Farbe eigenhändig
Dann entfernt. In Brüssel oder in Stockholm. Alles
Zu seiner Zeit

Wie einen Samen, den ich heute säe, von dem auch ich
Nicht im anderen Moment feinste Triebe erwarte

Das war einmal

J.H., 23. Februar. Begonnen am 13. Februar vollendet und von »Anspruch und Besitz« voneinander getrennt.

Wenn ich mich doch in den Jahren
Zuvor, in all den dunklen Jahren
Nur genügend erreicht hätte
Doch ich war so weit weg
Von meinem Zuhause

Mindestens von Kontinent zu
Kontinent

J.H., 13. Februar 2021. Mit Sehnsucht im Herzen. Nach?

40 DINGE, DIE WIR NICHT MACHEN KÖNNEN ODER: DR. MADSEN

Wir verlassen das Haus dieser Tage besser nicht. Veranlassen stattdessen #stayathome - Obst und Gemüsekisten beim #supportyourlocal um die Ecke. Manchmal gehen wir #kaufvorort. Nur Lebensmittel. Das andere regelt Jeff Bezos' #exwife. Der Media Markt hat zu. Die Elektroabteilung im Real wird zu Absperrband. Das Kaffeeerlebnis wird nach Hause verlagert #bismooi und das Paket mit Buch und Tassen lässt man sich bequem zum Geburtstag nach Hause bringen. »Café und Boutique« sind dieser Tage zum Lieferdienst mutiert #velocarriermz. Die Kaffeefilter fangen gerade nichts auf, außer Staub. An anderer Stelle verhält man sich lieber #leiseaberunbequem. Zum Beispiel, wenn es in Kommentarspalten um *»die da oben«* geht #dankemerkel. In der Innenstadt kehrt man weder Müll vor die eigenen Haustüren, noch trägt man Gefühle nach außen wie Altglastonnen #nowindowshopping. Irgendwo am Theater liegen Obdachlose auf dem Boden und Proteste in der Luft #wirsinddasvolk. Im Laden nur fünf Kunden (auf Amazon die halbe Welt). Mehr Leben darf nicht stattfinden, sonst sind wir #atemlos.

Und dafür reichen die Beatmungsmaschinen nicht. Statt außer Rand und Wand an Wühltischen in Klamottenläden stehen wir als Abstandshalter in der Reihe und tanzen doch nur teilweise außerhalb von ihr #winterschlussverkaufmalanders. Dafür alles andere als #handinhand steht man sich schlangenhaft die unbenutzten Bettsofa-Beine #netflixandchill an den Straßenrand. Für gewöhnlich liegen *die* hochgestapelt vorm TV-Gerät oder überschlagen, alles andere als vor Freude, sich auf Fußhöckern, mal wieder einen Ratgeber über Kindererziehung #geborgenwachsenimlockdown und #coronakinder oder ein Sachbuch von Egoismus und Gemeinsinn handelnd in den unberührten Händen wiegend #büchersindhaltschonimmermeinzuhause. Im Supermarkt sprechen einlaminierte Warnhinweise mit uns statt Frau Mimik und Herr Gestik. Beim Arzt sowieso. Hier trennt Plexiglas zwischen krank und kränker, jede Menschlichkeit bereits zu den Akten gelegt #menschlichkeitinkleinenmengen #geringedosenabzugeben #dieunmengemachtdasgift.

Kein Anschluss unter dieser Nummer #unreachable, bitte versuchen sie es auch zu einem späteren Zeitpunkt nicht noch einmal! Eine Hotelnacht ohne Frühstücksbuffet findet man dieser Tage leicht. (Dafür soll die Putzfrau weiter hautbeschuppte Laken wechseln und bitte keine Fragen stellen #applaus). Revolte beginnt an den Fenstern zum Nachbarn #dasgrüneregras. Andere Länder, andere Fritten. Wenn man Madsen schon nicht auf einer Bühne haben kann, dann wenigstens *Dr. Madsen* auf fremden Klingelschildern im Vorübergehen, während des sonntäglichen Gassi-Gangs #deslockdownsschönsteseite. Oder Familie Knödel. #lachenhatnochniegeschadet.

Und ist hochansteckend #handmade. Konzerttickets warten ungeduldig auf ? #derosterhasemachtjetzturlaub. Und der Veranstaltungsvater *Schlachthof Wiesbaden* hält sich derweil mit Gelegenheitsstreams und jutebeutelbedruckten mengenfinanzierten Hilferufen über Wasser #dasmittelmehrhatkeinekreuze. Doch die November-Staatshilfen kamen zum Glück letzte Woche #coronahilfenfehlen. Nicht nur beim Winzer wurden Fässer aufgemacht. Krankenhäuser sind randvoll. Kinos leer. Luxusprobleme lange her. Wir sitzen nicht im selben Boot, wenngleich es derselbe Sturm sein mag #sturmmaske.

Überhaupt, ist das "die größte Herausforderung der Nachkriegszeit", hört man sie sagen. Menschen schweigen, hinterfragen, wenn sie nicht gerade schreien. Sie singen auch nicht mehr oder klatschen #diezeitensindvorbei. In der Stunde nur ein Flieger die aufgebrachte Stimmung hebt. Protestgrundlagen verfliegen #bissichnichtsmehrregt. Die Schaufenster kochen über, mit Kram, den gerade niemand braucht #eigenessüppchenkochen, der an seinem Leben hängt. Dafür präparieren Köch:innen nur To-Go. Der Rhein hat wegen Überfüllung geschlossen und die Natur freut sich, wo wir hingekommen sind.

So unpersönlich dieser Virus auch ist: Die Frage, an Weihnachten nach Hause zu kommen oder nicht, war plötzlich kein Thema mehr.

J.H., irgendwann im Dezember zwischen Plätzchen und Platzen.

J.H. & M.B., 3. März 2021. Manchmal sagt ein Bild so viel mehr als Worte. Auch in einem Gedichtband.

Ein kurzes Gedicht:
Rassismus tötet.
Hasse nicht!

J.H., 19. Februar 2021. Ein Jahr nach Hanau. Im Gedenken an Gökhan Gültekin, Sedat Gürbüz, Said Nesar Hashemi, Mercedes Kierpacz, Hamza Kurtović, Vili Viorel Păun, Fatih Saraçoğlu, Ferhat Unvar, Kaloyan Velkov.
#saytheirnames

Anspruch und Besitz

Du hast mich von mir ferngehalten und mich etwas
Höherem ausgesetzt. Zu Hause sein als Teil vom Wir
Und bei mir bleiben. In mir wohnen, und das heißt
Ebenso auf dir, Mutter der Ozeane und der Meere
Der Sonne und der Sterne. Die Menschen leben nicht
Alleine hier auf Erden und müssen doch daran erinnert
Werden, immer wieder, dass sie ein Teil des Göttlichen
Sind und nicht die Götter selbst. Inzwischen habe ich
Verstanden, es ist nicht so, dass sie sich nimmt, was ihr
Gehört, es ist vielmehr so, dass die Erde sich sowieso
Schon immer selbst gehörte, ohne sich dessen bewusst zu
Sein. Wie die Natur eben so ist. Sie ist. Und sie stets bekommt
Was ihr zusteht. Zwischen Besitz und Anspruch liegen
Welten

J.H., 13. Februar 2021. Mit Rupi Kaur im Herzen begonnen und mit Erich Kästner am 28. Februar beendet.

während wir zu hause schlafen, schläft sie nicht

sie

dreht sich
und atmet

M.B., Und wir werden mitgedreht und denken, die Welt würde stillstehen. 3. März 2021.

Stillstand

Einfach mal lange Weilen
Einfach mal nichts tun
Ohne zu eilen

Langeweile - die Muse
(In) der Pandemie

J.H., 6. März 2021. Langeweile: die zehnte griechische Göttin der Kunst.

Dein Zimmer

» ____________________________________

____________________________________ «

Herzlichen Dank für deinen Besuch in unserem poetischen Zuhause!

Über die Autorinnen:

Marina Berin: Lyrikerin, visuelle Poetin, Selfpublisher. Lebt mit ihrer Familie und ihren Gedichten in Böblingen. Liebt das Leben, liest Lyrik & trinkt Kaffee.

Instagram: @wortabdruecke

Jennifer Hilgert: Lyrikerin, Schriftstellerin, Kinderbuchautorin, Selfpublisher. Lebt mit ihrer Familie in Mainz, träumt mit Kopf in den Wolken und sammelt Kaugummis in Kisten. Findet überall Poesie, mit Punkrock im Herzen.

Instagram: @frautuerkis_

Bildmaterial:

COVERMUSTER, FLUR, KÜCHE, KINDERZIMMER, BAD:
@Ladychelyabinsk – stock.adobe.com

WOHNZIMMER: @MicroOne - stock.adobe.com

SCHLAFZIMMER: @Aga Bell - stock.adobe.com

ARBEITSZIMMER: @kolibrico - stock.adobe.com

GÄSTEZIMMER: @Good Studio - stock.adobe.com

INNERE RÄUME: @Sini4ka - stock.adobe.com

GLOBALE RÄUME: @kusuriuri - stock.adobe.com

DEIN ZIMMER: @mariabo - stock.adobe.com

Printed in Poland
by Amazon Fulfillment
Poland Sp. z o.o., Wrocław

84358031R00150